PUHUA BOOKS

我们一起解决问题

企业财税实务"书+课"系列图书

企业精细化成本管理

核算、分析与管控

（视频讲解版）

侯立新　崔　刚◎编著

人民邮电出版社

北　京

图书在版编目（CIP）数据

企业精细化成本管理：核算、分析与管控：视频讲解版 / 侯立新，崔刚编著. -- 北京：人民邮电出版社，2022.7

（企业财税实务"书+课"系列图书）

ISBN 978-7-115-59185-2

Ⅰ. ①企… Ⅱ. ①侯… ②崔… Ⅲ. ①企业管理—成本管理 Ⅳ. ①F275.3

中国版本图书馆CIP数据核字(2022)第067792号

内 容 提 要

管理中最难的是成本控制，没有科学合理的成本费用控制方法，企业就处在生死关头。然而，不论是对基层财务人员还是对中高层管理者来说，在企业成本管控的流程与操作落地上都会遇到不少难题，这其中既有成本控制方法不当的原因，也有缺乏战略成本思维的困扰。

本书为读者开启了精细化成本管理的思想之旅，系统地介绍了精细化成本管理的原则，强调"消除一切可能的浪费"的精益思想，精选出包括变动成本法、标准成本法、作业成本法及目标成本法等助力于精细化成本管理的实用工具，并对其具体应用给出清晰的范例指引。本书既可以帮助基层成本人员剖析成本控制核心要点，把好成本管控关卡，也有助于企业中高层管理者站在企业战略的角度上建立精细化成本管控新思维。

本书适合企业财务会计、成本会计、成本专员和中高层管理者使用。

◆ 编　著　侯立新　崔　刚

　　责任编辑　陈斯雯

　　责任印制　彭志环

◆ 人民邮电出版社出版发行　　北京市丰台区成寿寺路 11 号

　　邮编 100164　　电子邮件 315@ptpress.com.cn

　　网址 https://www.ptpress.com.cn

　　北京虎彩文化传播有限公司印刷

◆ 开本：700×1000　1/16

　　印张：13.5　　　　　　　　　　　　　2022 年 7 月第 1 版

　　字数：165 千字　　　　　　　　　　 2025 年 4 月北京第 12 次印刷

定　价：69.00 元

读者服务热线：（010）81055656　印装质量热线：（010）81055316

反盗版热线：（010）81055315

前　言

近年来，由于受到新冠肺炎疫情的影响，一些企业在业务萎靡不振的同时，更是凸显出难以承受的"成本"之重。从餐馆到酒店，从商场到影院，一头是生意萧条，门前冷落车马稀；另一头则是成本依然野蛮生长，无情地吞没着企业的现金流。企业到底难在哪里？答案是成本！

显而易见，当经济形势一片大好时，很多企业高调铺张，大手大脚，此时任何从严要求的成本控制好像都是业务拓展的绊脚石。如今部分企业经营困顿，步履维艰，甚至没有了收入来源，管理层才突然惊觉，成本居高不下，已经成为企业难以对付的头等大事。如果把企业比作一个水池，那么收入就像进水口，成本就像出水口。在源源不断进水、水池越来越满的时候，大家不会在意多少水流出去了；而遇到流年不利，业务停摆之时，就像池子进水口已经被堵住，而从出水口流出的每一滴水都是实打实的。

业绩呈惨淡，成本露峥嵘。企业采取的应急成本控制措施基本就是取消福利、降薪裁员、节衣缩食等。因此，当一家企业宣布要加强成本管理的时候，员工们下意识的反应就是要勒紧腰带，准备过"苦日子"。这种成本管理思路其实是一种"忘本"，忘记了"成本从来就不是企业的目的"。成本首先是"成事之本"。精细化成本管理并不是单纯地降成本，其前提是固本培元，而后在此基础上，再去剥茧抽丝，去粗取精，去伪存真，消除那些混杂在成本中的各种浪费，营造精益的、持续改善的成本降低和价值创造环境。

我国古代大思想家荀况说："强本而节用，则天不能贫。"而人们似乎自解决温饱问题后就对资源浪费习以为常。正因为在日常经济生活中，成本发生的随意性较强、浪费普遍，所以对很多组织和个体而言，成本的可控性较强。在企业中，如果每位员工看到水龙头滴滴答答都能赶紧拧一下，那么这家企业的成本管理就大有希望。

如何开展精细化的成本管理？本书为读者开启了精细化成本管理的思想之旅，较为系统地介绍了精细化管理的原则，强调"消除一切可能的浪费"的精益思想，精选出包括变动成本法、标准成本法、作业成本法以及目标成本法等助力于精细化成本管理的工具，并对其具体应用给出清晰的指引。但"纸上得来终觉浅，绝知此事要躬行"，任何精细化成本管理方法都不是教条，企业需要基于成本管理的基本理论和方法论指引，具体结合所处环境和自身特点，探求适用的精细化成本管理实践。

时代变迁，风云变幻。有人说，今后的竞争将是成本的竞争；也有人说，今后的竞争将是细节的竞争。诚如是，那么无论是对组织还是对个体来说，精细化成本管理将助其在这两个方面的竞争中实现突围，并有助于形成精益、和谐的发展格局。

最后，希望读者们加强学习和钻研，不断提升自身素养和能力，让你的老板难以承受解雇你的成本，也让你的合作伙伴难以承受放弃你的成本。

编者

目 录

第 1 章
导论

第 1 节	成本：一个永恒的主题	003
	1.1 成本的由来：天下没有免费的午餐	003
	1.2 成本的意义	004
第 2 节	成本"万花筒"	006
	2.1 不同的目的有不同的成本	006
	2.2 财务会计的成本观	007
	2.3 管理会计的成本观	012
第 3 节	精细化管理：成本管理的"新常态"	022
	3.1 沃尔玛的"抠门"经	022
	3.2 精细化成本管理的现实诉求	024
	3.3 精细化成本管理的要义	025

第 2 章
精细化成本管理思想指引：精益与改善

第1节　**精细化成本管理的精益思想**　029

1.1　精益思想的产生与演进　029

1.2　精益管理思想的要点　030

第2节　**精细化成本管理的改善思想**　035

2.1　改善的含义　035

2.2　改善的方法论　037

2.3　基于改善的成本管理思想的要义　038

第 3 章
精细化成本管理根本之道：消除浪费

第1节　**浪费：成本里的"蛀虫"**　043

1.1　浪费是可耻的　043

1.2　浪费是一种成本吗　044

第2节　**浪费面面观**　045

2.1　过度生产："鼓励"出来的浪费　046

2.2　库存浪费：各大浪费之首　048

2.3　产品缺陷：不言而喻的浪费　049

2.4　其他浪费：一切可能的无用功　049

第 3 节	发现和消除浪费	052
	3.1 目标导向	052
	3.2 基本方法	053
	3.3 消除浪费的原则与措施	056

第 4 章
成本管控，信息先行：传统成本会计精要

第 1 节	成本会计账户：成本信息的"家"	067
	1.1 案例导引：百安居的成本制胜法宝——把账做细	067
	1.2 成本会计账户的意义	068
	1.3 成本会计账户的设计原则	069
第 2 节	财务会计中的成本信息：熟悉的魔鬼	072
	2.1 材料成本信息	073
	2.2 人工成本信息	074
	2.3 产品成本信息	077
第 3 节	传统成本会计下的产品成本核算流程	079
	3.1 要素费用账户的归集和分配	080
	3.2 跨期费用的分摊	080
	3.3 辅助生产成本的分配	081
	3.4 制造费用的分配	082
	3.5 完工产品与在产品之间的成本分配	083

第5章
变动成本法：管理会计下的成本核算

第1节   **变动成本法的含义**   087

1.1   引例：过量生产应受到"激励"吗   087

1.2   变动成本法的含义与意义   089

第2节   **变动成本法与本量利分析**   091

2.1   本量利分析的含义与应用假设   091

2.2   本量利分析的基本应用：盈亏平衡分析   094

第3节   **基于变动成本法的管理决策**   097

3.1   是否接受特殊订货   097

3.2   "亏损产品"是否停产   099

3.3   零部件自制或外购   101

第6章
标准成本法：精细化成本管理的基础工程

第1节   **标准成本制度概论**   107

1.1   "科学管理之父"的三大实验与标准化管理   107

1.2   标准成本制度的兴起   109

1.3   标准成本法的含义与意义   111

1.4   标准成本法的主要程序   114

第 2 节	**标准成本的制定与计算**	117
	2.1　标准成本的制定方法	117
	2.2　标准成本的具体项目构成与计算模型	119
第 3 节	**标准成本差异计算与分析**	123
	3.1　成本差异的性质与通用计算模型	123
	3.2　直接材料成本差异计算与分析	126
	3.3　直接人工成本差异计算与分析	128
	3.4　变动制造费用成本差异计算与分析	130
	3.5　固定制造费用成本差异	132

第 7 章
作业成本法：精细化成本管理之器

第 1 节	**作业成本法概述**	137
	1.1　导论	137
	1.2　作业成本法的产生	140
	1.3　作业成本法的含义及有关概念	142
	1.4　作业成本法的应用程序	148
第 2 节	**作业成本法核算的具体环节**	150
	2.1　资源识别及资源费用的确认与计量	150
	2.2　成本对象选择	151
	2.3　作业认定	151
	2.4　作业中心设计	154
	2.5　资源动因选择与计量	155

2.6 作业成本汇集   155

2.7 作业动因选择与计量   156

2.8 作业成本分配   159

2.9 作业成本信息报告   160

第3节   **作业成本法案例解析**   162

3.1 案例一：作业成本法与传统成本核算的比较   162

3.2 案例二：基于作业成本法的定价决策   165

第4节   **作业成本管理**   170

4.1 作业成本管理的含义   170

4.2 作业成本管理的内容   172

第8章
目标成本法：精细化成本管理企划

第1节   **目标成本法的基本原理**   177

1.1 引言：目标的重要性   177

1.2 目标成本观念的形成   178

1.3 目标成本法的含义与特点   179

1.4 目标成本法的应用程序   183

第2节   **产品设计阶段的目标成本策划**   187

2.1 目标成本测定   187

2.2 目标成本的分解   190

2.3 设计成本的计算   192

2.4　设计成本与目标成本的比较　　　　　　　　193

第 3 节　　**目标成本法的具体应用**　　　　　　　　195

3.1　目标成本法应用示例之一：组织内部视角　　195

3.2　目标成本法应用示例之二：供应链视角　　　198

第 4 节　　**目标成本法的优势与应用环境**　　　　202

4.1　目标成本法的优势　　　　　　　　　　　202

4.2　目标成本法的应用环境　　　　　　　　　203

参考文献　　　　　　　　　　　　　　　　　　204

第 1 章

导论

为了巩固您对本章内容的理解，便于今后工作中的应用，达到学以致用的目的，我们录制了视频课程，您可以扫描下面的二维码进行观看。

成本：一个永恒的主题

1.1 成本的由来：天下没有免费的午餐

从前有一位国王爱民如子，在他的英明领导下，人民丰衣足食、安居乐业。但英明的国王并不满足于眼前的安乐，而是深谋远虑、居安思危。他担忧在他去世后，子民还能否过上幸福的生活。于是他招集一批智者，命令他们寻找一个能确保人民幸福生活的永世法则。三个月过去了，智者们把三本厚书呈报给国王："国王陛下，天下知识都汇集在这三本书内，只要人们读完它，就可以确保生活无忧了。"国王很不满意，大多数人哪会花费那么多时间来看书呢？智者们回去后继续刻苦钻研，殚精竭虑，并在两个月后将三本书精简成一本。但这依然未能让国王满意。智者们又经过一个月的不懈探索，最后呈给国王的只有一句话。国王看了之后如获至宝，大加赞赏："太好了！只要我的子民能真正奉行这宝贵的律条，相信他们就能一直过上幸福的日子。"

大家不妨猜猜这句话是什么？就是——

"天下没有免费的午餐。"

相信任何人对这句话都不会感到陌生，它告诉我们，做什么都需要努力和付出，做什么都有成本。这句话在经济、政治与社会诸领域被奉为圭臬。这句简单的话也是世界著名经济学家、诺贝尔经济学奖获得者弗里德曼的口头禅，他说："天下没有免费的午餐——这就是我的经济学说的全部，其他都不过是枝节。"由此足见这句话的意义之深远！

老子曰："将欲取之，必先予之。"这也是远古时代猎人的一种智慧。其中，"予"就是"取之"的成本。

1.2 成本的意义

成本作为经济社会与组织管理中一个永恒的主题，它无处不在，无时不有。管理学大师德鲁克说："在企业内部，就只有成本。"成本一方面作为成事之本，从来不是企业的目的，而是企业达成目的所要付出的代价；另一方面，成本又是"人在成功后就容易忘掉的本钱或本色"之类的令人感到遗憾的东西。据统计，广泛意义的成本（包含各种费用、损失和浪费）能轻易地吃掉企业全部收入的80%～90%甚至更高。所以，对于每一个经济主体来说，加强成本管理自然就成了题中应有之义。

关于成本的意义，可以概括为以下几个方面。

（1）成本首先是成事之本，是企业生存和发展的基础，对企业能否达成目的有重要影响。基于此，成本管理并不仅在于"控"，还在于"养"。对于不该花费的地方，即便是半丝半缕，亦恒念物力维艰。而对于需要的地方，虽千万钱，亦往矣。零售巨头沃尔玛在日常办公活动中将成本节约到极其细微之处，但其在 20 世纪 80 年代初耗费巨资发射了一颗商用卫星，建立了自己的卫星通信系统，实现了对世界各地市场货运与物流的实时监控。

（2）成本是耗费的补偿尺度。单纯就产品而言，只有它的销售价格大于成本，即耗费的成本通过销售收入得到补偿之后，企业才有利润。成本越少，利润越丰厚，企业才能进行资本积累，不断发展壮大。

（3）成本是定价的重要参考依据。成本影响价格，很多领域的产品、服务定价通常都立足于一定的成本基础。在完全竞争条件下，单个企业的成本虽然不决定价格高低，但价格会形成对个体成本的优胜劣汰，迫使企业努力降低成本，以在既定的价格水平下实现尽可能多的利润。

（4）成本是反映企业工作质量的综合指标。一家企业劳动生产率的高低，生产能力的强弱，现有资源利用的好坏，存货物资流转的顺畅与否，业务与组织运行的否泰，产品、服务的数量多少与质量优劣，以及行政管理工作水平的高低等，最终都将在成本中体现出来。

（5）成本信息是企业经营与管理诸多活动的重要基础信息。企业在生产经营活动中进行预测、决策、计划、控制、考核等往往都离不开成本信息。

成本"万花筒"

2.1 不同的目的有不同的成本

在人们眼里，成本的概念既不抽象也不神秘，在日常生活中，"成本"算得上是一个使用频率很高的词。而在经济、管理乃至社会各领域中，关于成本意义的探索，不仅由来已久，而且历久弥新。随着社会的进步，成本的内涵与外延也在不断地演变。这也导致企业在经济交往、签约、方案设计等活动中，不得不对涉及的成本进行界定，以免引起争议和纠纷。

有人做过不完全统计，在浩如烟海的经济文献中可以搜到的成本类型在 1 000 种以上。无论是经济学、管理学还是社会学，对成本的理解和度量都不尽一致。如同一千个读者心中有一千个哈姆雷特，不同主体的眼里有不同的成本，不同的目的也有不同的成本。站在经营管理的立场上讲，基于成本管理的不同要求，形成了对成本信息的不同需求，进而也形成了不同的成本概念。比如管理学上有一种说法，做正确的事是战略成本，正确地做事是执行成本，鱼和熊掌不可兼得是机会成本等。

撇开众说纷纭的成本"万花筒"，在企业管理与经济交往中，难免要用到一些行话。这就需要大家了解会计与经济管理中常见的成本概念与范畴，以便在成本管理与控制过程中进行沟通和协调，这也有助于准确理解和应用相关的成本信息。

鉴于广为人知的成本概念多出自会计学，因此有必要先介绍会计实务中常见的成本概念。会计学上的成本定义一般如下。

成本指的是会计主体为实现特定目的而发生的能够用货币表现的价值牺牲。这个目的可以是取得某项资产、生产某种产品、提供某种服务、完成某项作业、投资某个项目等，不一而足。

为了使读者更好地理解成本，以便从不同角度认识成本并利用成本进行管理和决策，从不同角度对成本进行分类就变得很有意义。在会计领域，成本信息基本分属于两大会计核算与信息系统：财务会计与管理会计。下面分别针对财务会计和管理会计介绍有关成本的概念和类型。

2.2 财务会计的成本观

财务会计的直接目标是生成对外提供的财务报表，即大家熟知的"四表一注"：资产负债表、利润表、现金流量表、所有者权益变动表（股份公司称之为"股东权益变动表"），以及财务报表附注。在利润表和资产负债表中，成本都是必不可少的重要信息，利润表中利润的计算需要扣除有关成本费用，资产负债表中存货的成本包括企业所生产产品的生产成本等。

基于财务报表中的损益计算和存货计价，相关成本的概念与计量需要符合统一的企业会计准则和相关成本核算制度的规定。鉴于成本信息大多数都是由财务会计提供的，加之财务报表的广泛影响，财务会计的成本概念基本成为大家所普遍接受的成本观。例如，当一家公司告诉你它卖出的产品的造价或单位成本是多少的时候，这个成本就是按照现行会计准则和规定的成本核算制度核算出的成本。有鉴于此，了解财务会计的成本概念界定和核算口径便成为各主体进行成本管理的前提。

财务会计上典型和基本的成本分类就是将生产经营耗费区分为生产成本与非生产成本两种类型。这两种类型基本是按照成本的经济用途来划分的。如企业向员工发放的工资，主要代表人力资源的耗费或成本，这笔人力资源成本可以花在一线工人身上，可以花在管理层身上，也可以花在研发人员或市场营销人员身上，进而体现出工资费用所发挥的功能和效用是不相同的，也就是经济用途不同。这些工资根据不同的用途可计入产品成本或其他非生产成本。

在会计实践中，有关法规经常强调不准乱挤、乱摊成本，其中一项重要内容就是要明确产品成本与期间费用的界限，不能将二者混淆，即不要将非制造环节的非生产性耗费计入产品成本，也不要将制造环节的生产性耗费计入期间费用。发生生产成本并不一定会导致当年利润下降（例如，制造出来的产品并没有销售，则其成本体现为一种资产，而不牵涉损益），而期间费用则会直接影响本年利润的高低。所以，如果弄混了二者的界限，企业对外报送的资产负债表和利润表信息都将有悖于会计准则和会计惯例的要求。

生产经营费用基于用途的分类如图 1-1 所示。

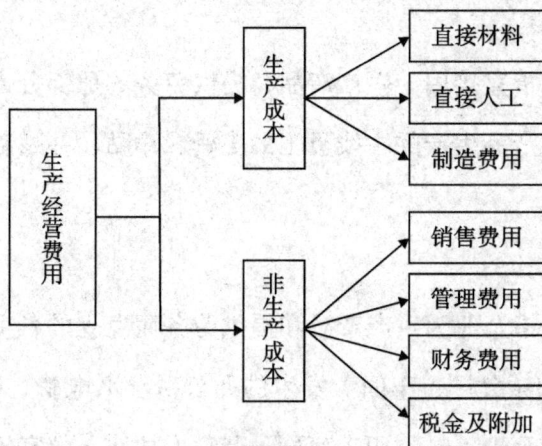

图 1-1 生产经营费用基于用途的分类

1. 生产成本

生产成本,或称制造成本、工厂成本,一般指企业为生产一定种类和数量的产品而发生的各项生产性耗费。构成生产成本的项目有直接材料、直接人工和制造费用等。我们经常提到生产是三要素的统一,三要素是指劳动对象、劳动资料和劳动者。站在会计的角度,笼统地说,劳动对象的消耗即为直接材料,劳动资料的消耗多为制造费用,而劳动者的耗费即为直接人工。当然,企业在日常会计核算中会对这些内容本着具体核算与管理要求而加以细化。

(1)直接材料。

直接材料是指企业生产产品和提供劳务的过程中所消耗的、直接用于产品生产、构成产品实体的各种材料及主要材料、外购半成品,以及有助于产品形成的辅助材料(如油漆、涂料、固定件)等。

（2）直接人工。

直接人工是指直接用于生产产品、提供劳务的那部分人工的成本，一般包括直接从事产品生产的一线员工的工资、津贴、补贴和福利费等职工薪酬。

（3）制造费用。

制造费用是指企业为生产产品和提供劳务而发生的各项间接费用，包括企业生产部门（分厂、车间）发生的办公费、水电费、固定资产折旧、无形资产摊销、管理人员的职工薪酬、劳动保护费、国家规定的有关环保费用、季节性和修理期间的停工损失等。

从基本属性上看，制造费用是间接成本。而在实际会计核算中，有时候为了简化明细核算，也会把一些非主要的、直接性费用列入制造费用。换言之，除了单列成本项目之外的其他费用，都可以列入制造费用。例如，生产过程中发生的直接性的燃料、动力费，如果考虑其重要性，那么可以在直接材料、直接人工之外单设"燃料及动力"项目进行明细核算，也可以考虑将所消耗的燃料、动力费（无论是生产部门的间接耗用，还是生产产品的直接耗用）统统放入"制造费用"项目核算。

2. 非生产成本

非生产成本多被称为期间费用，是指在某会计期间除生产环节之外的其他经营管理活动、部门发生的费用。期间费用按照会计准则、会计惯例的要求不计入产品生产成本，而是计入所发生期间的损益，即直接从利润中扣减，所以被称为期间费用。狭义会计上的期间费用一般包括销售费用、管理费用和财务费用，广义上讲期间费用还应当包括直接计入当期损益的研发费用、经营性的税金及附加费用等其他费用。

（1）销售费用。

销售费用是指企业为了销售商品、货物、提供劳务以及在销售商品、货物、提供劳务的过程中发生的各种费用，包括企业在销售货物、提供劳务过程中发生的保险费、包装费、展览费、广告费、商品维修费、预计产品质量保证义务（损失）、运输费、装卸费，以及本企业为销售商品而专设的销售机构（包括销售网点、售后服务网点等）的职工薪酬、业务费、办公及活动经费、折旧费、修理费等。

（2）管理费用。

管理费用是指企业为组织和管理企业的生产经营所发生的费用，包括企业在筹建期间发生的开办费、董事会和行政管理部门在企业经营管理中发生的或应由企业统一负担的经费（如行政管理部门职工的薪酬、物料消耗、低值易耗品摊销、办公费、差旅费等）、工会经费、董事会费（包括董事会成员津贴、会议费、差旅费等）、聘请中介机构费、咨询费（含顾问费）、诉讼费、业务招待费、技术转让费、矿产资源补偿费、研究费用、排污费，以及企业生产部门和行政管理部门等发生的固定资产修理费等。此外，根据我国多年的会计核算传统，研发费用（资本化而形成无形资产的除外）在日常核算中也被纳入管理费用核算，但在财务报表中会将其作为一项特殊的"期间费用"予以单独列示（从"管理费用"中移出而单独核算显得更有必要）。

（3）财务费用。

财务费用是指企业为筹集生产经营活动所需资金等所发生的筹资理财费用，包括计入当期损益的利息支出（非金融企业的利息收入一般冲减财务费用）、汇兑损益以及资金借贷活动中发生的相关手续费等。

（4）税金及附加。

西方有一句谚语：人来到这个世界上，有两件事是无法避免的，那就是死亡与纳税。我国税收法规体系中涉及的税种有 18 种，会计上对于它们的分类核算也比较明确。可以说，除了增值税、企业所得税、个人所得税，以及一部分计入有关资产成本、费用的税种，其余多数税种及那些上缴财政的附加和专项费用，主要被纳入"税金及附加"项目核算。例如，企业在日常经营活动中应缴纳的消费税、城市维护建设税、资源税、印花税、房产税、城镇土地使用税、车船税和教育费附加等相关税费。这些税费很显然将造成经济资源流出企业，构成企业一项特殊的期间费用。

此外，财务会计上出于对具体产品总成本与单位成本核算的要求，成本费用还经常按照各项生产性耗费与具体产品的关联性，而被区分为直接成本和间接成本两种类型。在英文文献当中，直接成本也被称为可追溯成本，即这些成本可以容易、方便地直接追溯到具体产品或其他成本对象上。例如，生产产品所耗费的原材料、零部件，以及直接参与该产品生产的工人工资就属于直接成本。间接成本也被称为不可追溯成本，即不能直接追溯到具体产品或其他成本对象上的成本，这样的成本间接地促成产品达到可使用状态，如生产管理人员的薪酬、生产用设备的折旧费等。在制造企业中，间接成本一般被称为制造费用。

2.3 管理会计的成本观

相对于比较单一的财务会计成本观，管理会计上的成本概念更为丰富。

仅仅是对产品成本的认知，管理会计不仅与财务会计有很大分歧，而且管理会计的不同角度也存在较大差异。如前所述，财务会计上核算的产品成本包括生产阶段所发生的直接成本、间接成本，而不管这些成本费用是否随着产品数量的变化而变化。而传统管理会计认为产品成本仅仅包括在生产阶段发生的随着产品数量变化而变化的成本，即变动性生产成本。而且上述产品成本是狭义的产品成本，即仅仅包括生产阶段所发生的耗费。出于经营与管理决策的需要，产品成本的概念还应拓展到更广的范围。如基于相关性，围绕某种产品在开发、制造、库存、销售、配送等各个阶段所发生的成本，都可以称为该产品的成本。基于产品生命周期的目标成本管理，进一步把产品到客户手中之后的回收成本、运行耗费及报废成本也作为产品的成本。出于不同目的需要不同的成本，不要指望采用单一规则规定的某个成本能够适用于各方面的经济决策。这也是管理会计基本的成本观。

管理会计中常见的成本有以下几类。

1. 基于成本性态的分类

成本性态，或成本习性，主要是指成本与业务量（产量、销量、工作量等）之间的依存关系。基于成本性态对成本进行分类是管理会计的基本分类法。按照成本性态，成本可以分为变动成本、固定成本与混合成本三种类型。

（1）变动成本。

变动成本一般是指在一定时期、一定业务量范围内，成本总额随着业务量的变动而呈正比例变动的成本。例如，如果生产每件产品所需要的零部件数量是一定的，那么生产产品所需要的零部件的成本就会随着产量的增加而正比例增加。在会计实务中，通常被认为属于变动成本的有产品生产所消耗的直接材料、直接人工（典型如计件工资）和那些随产量增加而呈正比例变化的物料用品费、燃料费、动力费等变动性制造费用。撇开狭义的产品成本概念，管理费用中随产品数量增加而增加的检测费、保险费，销售费用中按销售量支付的包装费、装运费、销售佣金等基本都属于变动成本。

根据变动成本的定义，变动成本之所以成为纯粹的变动成本的前提在于单位变动成本不变，这样才保证了变动成本总额随着产量变化而正比例变化。变动成本模型可以表示为：

$y=bx$

其中：y 是变动成本，b 是单位变动成本，x 是产量等业务量。

（2）固定成本。

固定成本是指在一定时期、一定业务量范围内，成本总额保持不变的那部分成本。也就是说，固定成本不随业务量变动而变动，或者说在一定的业务量范围内，该成本保持不变。如厂房折旧费、租赁费，这部分费用并不随着厂房内产品的生产量变化而发生变化，即便偶尔某段时间在厂房中没有生产产品，这部分费用也照常发生。

在会计实务中，固定成本通常包括厂房、不动产与设备的折旧费，租赁费，财产保险费，广告费，行政管理人员的工资薪金，以及房产税、城镇土地使用税等税金，等等。

固定成本总额不随着产品的产量增加而增加，这也就意味着随着产品的产量增加，分摊到单位产品的固定成本就会变小。这意味着在现实经济活动中，很多企业仅仅靠扩大产量就能达到降低单位成本的效果。固定成本模型可以表示为：

$y=a$

其中，a 就是固定成本总额。

通常，固定成本属于形成和维持企业生产经营能力而发生的最小成本，如固定资产折旧费、相关税费、高管薪酬等。经营能力一经形成，短时期内就难以做出改变，不能够轻易削减，这类成本一般被称为经营能力成本或约束性固定成本。此时为达到相对成本节约的目的，企业要充分利用现有生产能力，避免资源闲置所造成的浪费。当然，充分利用现有生产能力建立在市场需求的基础上，要避免产品积压产生的另一种成本，至于二者如何协调，正是精细化成本管理的一个重要方向。还有一部分固定成本是企业管理者基于决策规划而产生的预算性的固定性支出，一般被称为"酌量性"（或"抉择性"）固定成本，如广告费、职工培训费、研发支出等。这类成本根据预算而发生，而且在预算期内一般不会轻易改变，以体现预算应有的约束力。

（3）混合成本。

混合成本是指介于固定成本和变动成本之间的那些成本，即成本总额受业务量变动的影响，但其变动幅度并不随着业务量的变动而保持正比例变动。换言之，这类成本既有变动的部分，也有不变的部分。

混合成本按照其变动轨迹或变动方式的不同，可进一步分为半变动成本、半固定成本、延展式混合成本、曲线式混合成本等类型。

半变动成本是一种比较标准的混合成本，在这种成本中，变动成本部分与固定成本部分分别占多少是确定的，如图 1-2 所示。例如，电话费由固定租金和随着通话时长增加而正比例增加的费用两部分构成。

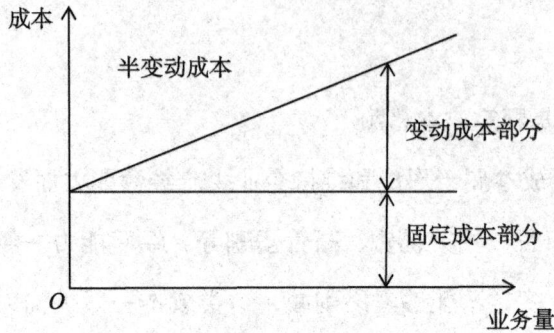

图 1-2　半变动成本

半固定成本的特点在于在特定的业务量范围内，其成本总额保持不变，类似于固定成本，而当业务量突破这一范围，成本就会跳跃性增加，并在新的特定业务量范围内保持不变，直到下一次业务量突破既定范围，成本将会又一次上升。这类成本也被形象地称为"阶梯式混合成本"，如图 1-3 所示。比如质检员的工资，当业务量比较小时，就聘用一个质检员，支付一份工资；而当业务量跳升到一个新水平，则需要再聘一个质检员，进而需要支付两份工资。

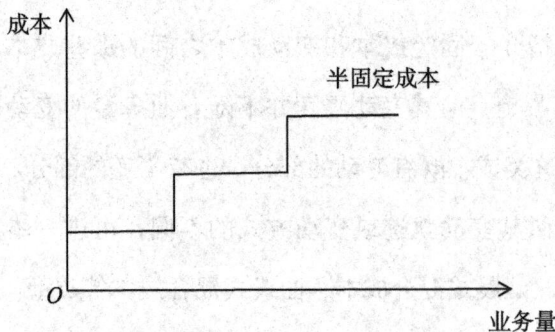

图 1-3　半固定成本

　　延展式混合成本指的是成本发生延展式变动的混合成本，即在起初某个特定业务量范围内，其成本总额保持不变，而当业务量突破了这一范围，成本开始随着业务量的增加而直线上升（如图 1-4 所示）。这类成本也被形象地称为"低坡式混合成本"。

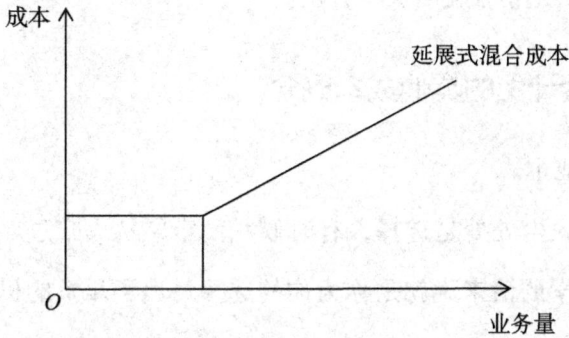

图 1-4　延展式混合成本

　　曲线式混合成本通常有一个初始量，即固定成本，随着业务量增加，成本在这个初始量的基础上开始非直线式增加，增加的幅度或速度可以是递增的，即递增型的曲线式混合成本，也可以是递减的，即递减型的曲线式混合成本，如图 1-5 所示。例如，制造某些产品时，企业需要对设备进行热处理，刚开始的热处理成本通常是固定成本，随后随着产量的增加，热

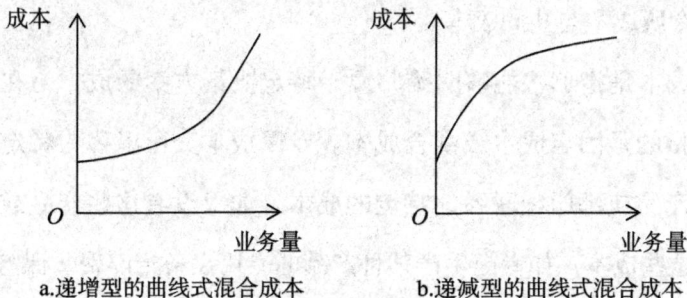

a.递增型的曲线式混合成本　　　　b.递减型的曲线式混合成本

图 1-5　两种曲线式混合成本

处理成本开始以递减的速度增加。此外，企业要支付的惩罚性违约金、超额累进支付的税金等都属于曲线式混合成本。

鉴于企业难以基于业务量控制混合成本，因此需要对成本性态进行分析，在混合成本中拆分出固定成本与变动成本，进而为成本优化提供更为明确的方向，实施精细化的成本管理。

2. 管理会计上的其他成本概念

（1）机会成本。

俗话说：人生处处是选择，有时候我们宁愿从头来过。当我们悔不当初时，用经济学的话来说就是你为你的选择付出了昂贵的机会成本。通俗地讲，机会成本就是你选择了某种机会而丧失了其他机会所能带来的收益。机会成本是经济学领域非常重要的成本概念。对于一家企业而言，当企业将既定时间和资源用于生产某种产品或从事某项经济活动时，意味着这些时间和资源将不能用于其他方面，即企业会失去利用这些时间、资源生产其他产品的机会，这就是机会成本。正所谓鱼和熊掌不可兼得，我们放弃的鱼就是获取熊掌的机会成本。当你排除外界诱惑静下心来学习的时候，你为此放弃的休闲时光或出门工作可能带来的收入就是你学习的机会成本。

（2）专属成本与共同成本。

专属成本是指那些能够明确归属于特定决策方案的成本，在管理会计中它通常指的是固定成本或混合成本。专属成本又可以称为特定成本，即与特定的产品或部门相联系的特定的成本。如果没有这些产品或部门，就不会发生这些成本，如专门生产某种产品的专用设备折旧费、保险费等。

共同成本，有时候称联合成本，是指生产多种产品或多个部门所共同发生的，因而也应当由这些产品或部门共同负担的成本。例如，在企业生产过程中，几种产品所共同使用的厂房、设备的折旧费等。

在进行方案选择时，专属成本是与决策有关的成本，必须予以考虑；而共同成本则往往是与决策无关的成本，一般情况下可以不予考虑。

（3）交易成本与代理成本。

交易成本是当代经济学中一个极为重要和基础的概念，被广泛用于经济活动分析当中。交易成本主要是相对传统生产成本而言的。生产成本一般是体现人与自然关系的成本，而交易成本是体现人与人之间的关系的成本。为达成交易，我们要花费时间、精力和金钱，这些耗费的货币表现就是交易成本。例如，为促成交易而传播信息、广告，以及谈判、协商、签约、合约执行的监督等活动所花费的成本，都属于交易成本。本质上说，有社会分工和人类交往互换活动，就会有交易成本，它是人类社会生活中一个不可分割的部分。企业在日常管理活动中，往往容易忽略交易成本。

代理成本是财务经济学领域比较著名的概念。规范意义上的代理成本就是所有者将财产委托给经理人经营后，所有者（企业股东）希望经理人能按股东财富最大化目标尽力经营管理企业，但经理人出于个人利益最大化的目的，并不会完全按照使股东利益最大化的方式行事，从而造成所有者利益受损，此时所有者需要付出的成本即为代理成本。由此推而广之，代理成本不单单存在于股东与经营者之间，也存在企业与雇用员工之间，以及企业内部组织各层级之间。例如，员工不加珍惜地利用各种办公资源，以及工作中的偷懒行为等所造成的浪费与效率损失，就属于代理成本。

（4）可控成本与不可控成本。

可控成本与不可控成本是责任会计中的基本概念。可控成本是指责任主体可以通过一定的方法、手段进行调节和控制，进而要对其负责的成本，一般被当作企业考核下属责任主体（车间、部门）的成本指标。

不可控成本与可控成本相对应，是指责任主体不能控制，因而也不应当由其负责的成本。

可控成本与不可控成本的区分与责任主体所处的管理层级高低、管理权限大小及控制范围的大小有关。例如，从整个企业的角度来看，所有的成本都是可控成本，但对于企业内部的部门、车间、班组来说，则各有其专属的可控成本。例如，在资金集中管理、统一调拨的企业中，资金成本对于没有投资决策权的部门而言是不可控成本，而对于具有投资决策权的事业部等部门而言则是可控成本。

精细化成本管理的思路之一便是尽量在成本实际发生之前让一切都变得可控，并由相关责任主体切实负起责任来。例如，企业产品投产前成本的可控性最大，其控制效果也最佳，此时企业应该综合运用各种管理计量工具，如目标成本法与价值工程，各部门协同作业，并且充分考虑市场、生产、售后及报废等多种因素，对产品性能、结构、耗材、工艺等进行优化，以达到成本效益的最优化。在生产、销售及售后服务环节，企业则需要加强过程控制，尽量消除不增值作业所带来的不必要耗损。

（5）相关成本与无关成本。

相关成本与无关成本是进行决策分析时常用的基本概念，其中与决策分析有关的成本属于相关成本，而与决策分析无关的成本则属于无关成本。掌握成本的相关性，有助于企业增强决策的有效性，对于企业正确进行经营决策具有重要的指导意义。例如，企业在现有正常生产能力的范围内，考虑增加某些产品的产量或停止生产某些产品的问题，此时相关成本就是随着产品的产量增减情况而变动的成本，无论是否生产产品或者无论生产多少产品，成本都照旧发生的固定成本就属于无关成本。在经济活动决策分析中，常见的相关成本有变动成本、机会成本、专属成本、可避免成本、可延缓成本等；相对来说，与经营决策无关的成本，如固定成本、沉没成本、共同成本、不可避免成本、不可延缓成本等都是无关成本。其中，沉没成本是指由于过去的决策结果引起并已经实际发生了的成本，这部分成本在后续决策中无法改变。比如购买设备的历史成本，在随后的置换决策中，无论是否做出更新改造决策，都与该历史成本无关，即我们不再考虑过去花了多少钱。遗憾的是，在日常生活中，我们往往耽于沉没成本而不能够做出合理选择。

精细化管理：成本管理的"新常态"

3.1 沃尔玛的"抠门"经

《财富》是一家全球知名的财经杂志，该杂志每年都会发布"世界500强"企业排行榜。每到发榜之日，该排行榜就会引起全球业界的热议。2021年8月2日（北京时间）"《财富》世界500强"名单出炉。美国零售商业巨头沃尔玛连续8年登上第一宝座，其高达5 500多亿美元的营业收入举世瞩目。钢铁到底是怎样炼成的？当我们抱着学习的姿态走进沃尔玛的时候，恐怕下列一幕幕"抠门"情节同样会令人惊诧莫名。我们不妨罗列以下几点。

- 沃尔玛诞生于一个不起眼的美国小镇上，而且直到其名扬天下的今天，公司庞大的现代化总部、信息中心、配送中心依然坐落在美国中西部的那个偏远小镇上。

- 山姆·沃尔顿一手缔造了沃尔玛传奇帝国，并一度成为世界首富，而其一生就住在沃尔玛诞生的那个小镇上，即便退休了，依然还开着一辆旧车，穿着普通的工作服，就像一名普通的沃尔玛员工，还时不时给自己的超市送货。

- 老沃尔顿的继任者，沃尔玛前全球总裁兼首席执行官麦道克在搬入总裁办公室时，发现他用的办公桌竟然仍是当年沃尔玛创始人山姆·沃尔顿曾经使用的那张桌子。

- 沃尔玛前亚洲区总裁钟浩威，即便已经身居高位，年过半百，但其每次出差仍只乘坐经济舱，并购买打折的机票。事实上，沃尔玛的高级管理人员出差基本都不坐头等舱，也不住单人间，这连老沃尔顿本人也不例外。

- 沃尔玛遍布世界的办公场所几乎都非常简朴，公司员工总是不断地被告知：领取圆珠笔等办公用品需以旧换新，打印纸要求双面使用等。

- 在长途电话比较贵的那段时光里，沃尔玛的办公大厅随处可见"拨打 17909（IP 电话），长话可省钱"。

- 沃尔玛做宣传、打广告几乎从不请名人助阵，公司认为员工及其儿女即可派上用场。

凡此种种，大家可能不禁感慨，钢铁就是这样炼成的！也许成本管理真的不需要故弄玄虚的理论，也不需要高深莫测的技术，一个朴素而散发着真理之光的成本管理法则就是——细节决定成败，平凡缔造传奇！我国古代有这样一句名言：一粥一饭，当思来处不易；半丝半缕，恒念物力维艰。这当是精细化成本管理思想的高度写照。放眼世界，有很多类似于沃尔玛一样的知名企业，推行着这种朴素而至真的成本制胜理念，并以此作为推动企业持续发展、保持基业长青的一个法宝。

3.2　精细化成本管理的现实诉求

有专家形象地指出，成本是一种必须的"恶"。在某种意义上，人类经济活动产生的成本也是人类维系生存与发展所不可避免的"恶"，我们寄希望于在消耗资源的同时创造出更多、更有益的价值。而人类曾滥垦滥伐、粗放式经营、掠夺性使用资源，这也让人类承担了巨大的代价。

部分企业常常产生这样的错觉，即只要劳动力廉价、自然资源廉价，其就有成本优势。也有经营者和主管方将资源"廉价"产生的"低成本"作为取得竞争优势的推动力量，并借此混淆视听，掩盖自身低劣的成本管理水平。于是，很多企业所谓的成本竞争力就是"低成本"与"低管理水平"的混合体，这也是对"成本"本身的扭曲认识。举个例子，同样一件产品，某企业雇用3个人干了3天，每人每天的工资为100元，产品成本为900元，而竞争对手雇用2个人干了1天，每人每天的工资为500元，产品成本为1 000元。从表面上看，该企业的产品成本比竞争对手的产品成本低了一点，实际上其耗费的人力和时间却比竞争对手多出许多！

另外，成本"从来就不是企业的目的"，它更应当是一系列决策与制度执行的结果。而企业在管理实践中，常常把成本当作外生的驱动利润的自变量，好像只要降低成本就能提高利润，从而忽略了成本的本质。由此可能造成的后果就是企业舍本逐末，甚至不惜代价削减成本以保持一定的利润水平，从而陷入低成本竞争的恶性循环。要素市场的价格机制扭曲所造成的低成本不过是一种假象！而且正如我们看到的那样，目前我国的这种低成本假象正在消失，企业再也不能依靠人口红利和自然资源红利谋取利益，很多企业所依赖的低成本优势正趋于终结，传统粗放的成本管理也暴露出了很多弊端。精细化成本管理意味着成本管理向着其本意回归，也意味着成本管理走向它应有的"新常态"。

3.3 精细化成本管理的要义

精细化成本管理作为相对于传统粗放式成本管理的一种管理方式，代表着一种理念、一种追求、一种价值主张。因此，企业不要把精细化管理手段限定于某些特定的技术、方法，换言之，只要能达到精细化的要求，就算是常规的、传统的做法也算得上是精细化管理，一如前面提到的沃尔玛的做法。

从字面上看，精细化管理之"精"在于追求完美、精益求精，具体操作中需要把成本管理的各个方面尽可能地量化、标准化，探索各类成本之间内在的联系和规律，精准地抓住成本管理的关键，探求降低成本的最佳路径。精细化管理之"细"就是企业要时刻提醒自己，细节决定成败，在成本管理过程中要不断深入研究，洞察入微，见微知著，从大处着眼，从小处着手，以点带面，必要时进行全覆盖式督查，实现全员、全过程、全方位的全面成本控制。

精细化成本管理的基本要义可以概括如下。

（1）精益化。以客户价值为导向，消除不创造价值的一切浪费，做到少而精、多而益，固本培元与降本增效相统一，追求精益求精、日臻完善。

（2）细化。细节决定成败，不以事小而不为。具体包括成本管理任务要细化，工作安排要细化，作业流程要细化，耗费支出要细化，评价考核要细化等。

（3）量化。"你无法管理你无法衡量的东西。"不仅各项耗费支出要量化，而且成本目标要量化、成本计划要量化、成本考核也要量化。

（4）标准化和规范化。"不以规矩，不能成方圆。"精细化管理的基本任务之一就是细化各项标准，具体包括规格标准化、流程标准化、作业标准化、消耗标准化、记录标准化等，将成功的做法作为规范性操作，制定各方面的规章制度，使员工严格执行规章和按照标准做事。

（5）实证化。对现行标准和执行情况进行精细化分析论证，实事求是，探求真理，及时发现问题，并做到持续改进。

概言之，精细化成本管理是一种集规范化、科学化、精益化、个性化于一体的成本管理。它基于企业精准的战略定位，将组织目标分解细化并落实到各环节、各层级甚至各成员，带动整个组织全员、全过程、全方位实施成本管控，并形成持续改善氛围，意在实现各项成本的价值主张，永葆企业活力与可持续发展能力。

第 2 章

精细化成本管理思想指引：
精益与改善

为了巩固您对本章内容的理解，便于今后工作中的应用，达到学以致用的目的，我们录制了视频课程，您可以扫描下面的二维码进行观看。

精细化成本管理的精益思想

1.1 精益思想的产生与演进

精益思想是基于精益生产方式总结而来的一套经营管理理念,而精益生产方式几乎是丰田公司的生产组织与管理模式的代名词。精益生产(Lean Production,LP),或称精益制造(Lean Manufacturing),最初由美国麻省理工学院的一个汽车研究项目中心提出。该中心通过对众多公司的大量调研发现,日本丰田以准时生产(Just in Time,JIT)为代表的生产组织与管理方式是适合现代制造的一种生产方式。之所以称之为"精益",主要是相对于传统大批量生产而言的,精益生产在生产工人、生产空间、设备投资、研发设计周期方面都仅仅相当于大批量生产的一半左右,而且在生产现场仅需要保有远不足一半的所需库存。最终,产品种类变得越来越多,残次品变得越来越少。据统计,在大批量生产系统中,有20%的厂房面积和25%的生产总工时是用来返工的。

传统大批量生产时代的缔造者当属美国福特公司与通用公司，二者都有着辉煌的历史。福特汽车的缔造者亨利·福特和通用汽车的传奇领袖阿尔弗雷德·斯隆将世界制造业从过去几百年由欧洲企业主导的手工艺生产方式转化为大批量生产，至此美国机器大工业开始主导世界经济。

后来，以丰田为代表的日本企业开始发起精益生产方式，拉开了日本精益生产时代的序幕，日本经济开始领先。美国汽车公司一度被挤压到几乎崩溃的边缘，如福特公司在 20 世纪 80 年代陷入生死存亡危机，而通用公司在 20 世纪 90 年代持续亏损，并一度到了申请破产保护的地步。

进入 21 世纪后，丰田公司的精益生产也开始显得不太能适应世界经济环境的剧烈变化，有专家学者将其视为狭义精益（Lean Lite），并推出广义精益（Lean Extended）概念。广义精益思想注重整个供应链各环节的协同发展，管理理念也从消除浪费转向持续创造价值。

时至今日，精益概念在日本、德国等发达国家已经深入人心，在中国也正在为众多的企业家和管理者所熟知，越来越多的人认为精益已经成为广大制造业和服务业提升管理水平的必由之路。而且精益的范畴已经远远超过精益制造、精益生产和精益工具，逐渐演变为一种管理模式和管理思想。这种精益的管理哲学也是精细化成本管理的基本思想指引，精细化的成本管理既需要精益的思想作为支撑，也需要精益的工具作为手段。

1.2　精益管理思想的要点

精益生产与精益管理作为一种高效率生产组织管理方式，其基本目标就在于降低生产成本与提高产品质量，提高生产经营过程的协调度，杜绝一切可能的浪费，从而最大限度地提升客户满意度和客户价值。精益管理思想的要点可以概括为以下几个方面。

1. 客户价值最大化与消除一切浪费

精益思想的第一原则就是准确定义客户价值。换言之，企业提供的产品、服务的价值由客户需求加以定义。客户价值是客户从产品、服务中获取的收益，或者产品、服务所能带给客户的效用。

企业因为客户而存在，所谓产品和服务的价值，是指能够满足客户需求并且客户愿意为之付费的那部分价值。

价值的反面就是浪费。从客户价值定义出发，精益管理将所有不能为客户创造价值的活动和消耗都称为浪费。如此一来，经济生活中的浪费俯拾皆是。如不必要的搬运是浪费，积压的产品是浪费，提供有缺陷的产品更是浪费，等等。精益管理的基本目标或重要任务就是在为客户提供满意的产品与服务的同时，把浪费降到最低程度。

2. 拉动式生产与零存货

拉动式生产可谓精益生产与精益管理的精髓。"拉动"就是当且仅当在客户（包括外部客户，也包括生产流程下一环节的"内部客户"）需要的时候才向其提供其所需数量的产品。拉动式生产也代表了存货管理的理想境界：准时生产。准时生产的基本含义是"一切都刚刚好"，产品刚好在需要时生产出来并按照刚好的数量送达刚好的地方，时间不早也不晚，数量不多也不少。

拉动式生产方式真正实现按需生产供应，这与传统上通过预测客户需求而进行生产供应的推动式生产形成鲜明对比。在推动式生产中，每个生产车间按计划生产零部件，生产完毕就移送到下一道工序继续加工，同时将实际完成情况反馈到生产计划部门，各个部门关心的是计划完成情况，而不关心后续环节在当时是否需要。因此，零部件和产品存货堆积就在所难免。

在推动式生产方式下，物流和信息流基本上是分离的。整个过程相当于从前（前工序）向后（后工序）推动，故这种方式被称为推动式生产。而拉动式生产则是将物流与信息流结合在一起，从市场需求出发，由市场需求信息决定产品组装，再由产品组装拉动零部件加工。每道工序、每个车间都按照当时的需要向上游工序、车间提出需求，发出工作指令，上游工序、车间完全按这些指令进行生产。这样就尽可能缩短了从原料、物料到生产再到配送的时间，达到适时、适量的效果，极大地节约了库存与物流成本，并迫使企业实施全面质量管理等其他精益工具，进而带动成本管理的革命以及实现整个组织管理的高效。

3. 全面质量管理与零缺陷

精益思想最早其实用于产品的质量控制，认为产品的成本与技术相匹配，成本的降低要以保证产品质量为前提。精益之精首先表现在质量之精。由于准时生产下的"一切都刚刚好"，没有多余的原材料和零部件，这就迫使供应商和上游生产环节必须保证所供应的物料用品完全合格，由于生产量正好等于客户的需求量，这就要求提供给客户的产品也都得是合格品。一旦有个别产品出现缺陷，无法满足客户需求但又找不到替代品，由此造成的麻烦会更大，甚至无法估量。为与精益管理和准时生产相适应，全面质量管理出现了。精益思想要求在保证产品质量的前提下，尽最大可能降低产品成本，强调企业投入的成本与获得的收益之间的协调，注重优质的产品与服务给客户带来的美好体验和高满意度。

在传统流水线生产方式下，产品通常被大批量生产组装出来，生产线工人一般仅负责加工、装配，而不直接负责质量问题，质量由专门的质检部门统一集中检查，当批量较大时就采用抽检方式。而全面质量管理强调质量是被生产出来的而不是被检查出来的，生产部门要对最终的质量负主要责任。在生产的每一个环节、每一道工序中都应当对产品质量进行检测与控制，避免质量问题累积到后续环节。全面质量管理能带动全员、全过程的管理，每一位员工都需要在自己的岗位上对产品的质量进行检测，及时发现质量问题，必要时可以立即停止生产，立即解决问题，避免瑕疵品流入下一环节而产生无效的加工。

4. 以人为本与团队协作

在丰田公司，经常可听到的一句话是："我们在制造汽车之前，先制造人。"精益思想强调企业应当具有社会责任感与使命感，认为企业的立足之本就在于企业对客户、对员工、对社会的郑重承诺，这是各精益工具和精益原则得以落实的基础。这也是世界上很多企业在仿效丰田公司而推行精益生产方式时容易忽略或者根本没有领悟的一个要义。精益管理强调以人为本，除了客户至上外，还在于充分调动每一位员工的积极性和能动性，让员工以仰赖自我与责任感来决定自己的命运。

精益管理强调以人为本，同时强调团队协作。精益生产与管理离不开成员之间的配合与默契。在丰田公司，任意问一名员工其对公司生产方式的看法，你一定会听到他提及团队合作的重要性，公司所有制度都在鼓励和支持团队开展价值创造工作。每一个团队都是一个学习型组织，公司利用团队协调工作，激励员工，促进员工彼此之间相互学习，促使个人工作更有效率。

5. 尽善尽美与持续改进

尽善尽美是精益管理的境界，达到这一境界的过程就是不断学习、持续改进的过程。持续改进或改善是精益的必由之路。精益生产颠覆了大批量生产模式下"差不多就行"的中庸观念，追求的是全面管理质量、持续降低成本和零存货。而这是一个可以无限接近却永不能抵达的彼岸，所以精益永远在路上，以至于有人认为精益的核心就是持续改进或改善。有一种说法是，在与做精益管理的人交谈时，如果5分钟之内其没有提到"改善"这个词，那么其所做的管理就不是精益的，足见改善在精益管理中多么深入人心。基于改善的重要性，而且其又有别于精益生产管理方式而自成体系，下文对此专门阐述。

精细化成本管理的改善思想

2.1 改善的含义

在这里，"改善"并不是日常会话中的口头语。以 1986 年《改善：日本企业成功的奥秘》一书的问世为标志，改善（Kaizen）开始成为管理学界中的一个核心概念而被广泛接受，现已发展为一套管理哲学，它也是一个系统、科学的管理方法论体系。《简明牛津英语词典》1993 年版第一次将"Kaizen"作为英文词汇进行收录，词典中"改善"被定义为"一种企业经营的理念，指工作实践及个人效率等的持续改进"。

改善思想可以看成精益思想指导下的一个延伸，它由日本管理学家今井正明提出并得以系统化。今井正明堪称世界首屈一指的质量管理学家，是当代企业卓越运营运动的先驱，也被业界称为"改善思想之父"。他在畅销著作《现场改善》的深度更新版本中，更是把"现场改善"视为"低成本管理方法的常识"。改善的效果可以用以下公式表示：

$$(1+1\%)^{365}\approx37.8$$

这个公式形象地表示，只要每天在现有基础上做出一点点改进，一年下来就能取得极大的、了不起的进步。

与"改善"经常替换使用的一个词是"持续改进"，后者在我国的使用频率貌似更高。改善在管理活动中包括两种主要功能：维护和改进。维护功能在于维持现有的技术、管理与操作标准，并通过培训和纪律来支持现行标准。在维护功能下，管理者执行他们规定的任务，使每个人都能遵循现行的标准操作程序。改进则是以提升现行标准为目的的活动。不同于创新可能带来的改变，改善所能带来的经常是较小的、平凡而微妙的持续改进进程，来源于持续不懈的努力，是基于常识的、低成本、低风险的方法，主要靠积跬步而终至千里。在日本企业的实践中，改善还隐含着让所有人参与进来，以花费较小的代价而不断进步的含义。即便犯错也通常是可容忍的、可学习的。这就如同人们会在一生中不断完善自我，很多人都把改善或持续改进内化为一种自觉意识和本能反应，以至于他们意识不到自己有这样的意识。

与改善思想相对应，创新则往往指剧烈的改进运动，通常依托昂贵的投资。精细化成本管理依托于改善而非创新，创新的成本往往不会那么"精细"，有很多企业以创新为借口投入大量资金，美其名曰"大行不顾细谨"。改善不仅能降低成本，而且这种降低成本的活动也是常识性和低成本的。事实上，有很多降低成本的行动本身耗费了大量成本。比如有一些公司采取了旨在加强成本管控的作业成本法，结果收效甚微，但为推行作业成本法花费了大量的培训费、咨询费和组织管理费用。

2.2　改善的方法论

在某种意义上，改善不同于其他管理工具，它更是一种哲学，只要是能促进改进的东西都可以看成"改善"的内容。改善的方法论可以用图 2-1 高度概括。

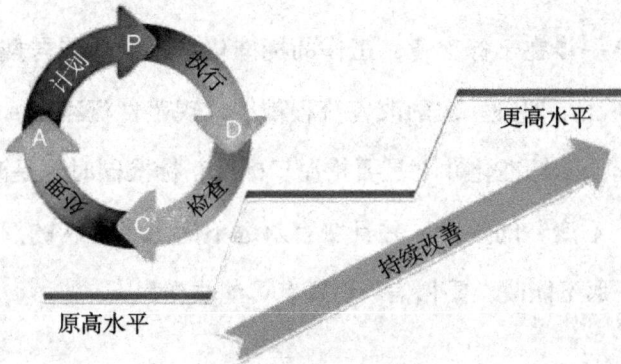

图 2-1　基于戴明环的持续改善模型

图 2-1 就是基于 PDCA（戴明环）的持续改善模型。PDCA 是计划（Plan）、执行（Do）、检查（Check）、处理（Act）四个英文单词的首字母缩写。这四个单词分别代表持续改善的四个环节，并且这四个环节构成了一个闭环，一个循环结束时，能解决一些问题，未解决的问题进入下一个循环，如此周而复始，螺旋式递进，阶梯式上升。企业在应用基于持续改善的戴明环时，首先要抱着对现有水平的"不满"，确立改善的目标和方向，然后做出计划并照此执行，在执行过程中通过检查发现问题，对所发现的问题进行处理，重新予以规划，进而开始下一个循环，不断循环往复，持续改进。

2.3　基于改善的成本管理思想的要义

精益生产方式需要改善，全面质量管理需要改善……参考有关"改善"的专门著作，出于精细化成本管理的改善思想的要义主要包括以下几点。

1. 标准化与不安于现状

改善的第一步在于标准化，工作的标准化是持续改善与授权员工的基础。标准化还在于把每一次的改善流程都纳入规范性流程中，进而作为进一步改善的起点。标准化并不是要拘泥于标准，标准同时也是改善的靶子，企业要摒弃"不变"的观念，并且要有永远不满足于现状的意识，不要认为这不能改、那不能改，要相信一切皆有可能改变。

2. 不找借口，不强调理由

找借口、找理由说明企业动了退缩的念头，不想为改善而积极行动。

3. 不要轻视微小的改善活动

改善注重从小做起，从一点一滴做起，能做出大的改善固然可喜，然而微小的改善才是常态，而且这些改善多是低成本的，不需要付出多少成本的改善更值得提倡。在生产经营活动中，总会存在一些不起眼的不合理现象或工作方式，我们习以为常地忽视它，然而一些大事故往往就出自那些平时被忽视的细节。

4. 随时随地、马上行动与现场管理

出现问题要马上解决，不要机械地报计划、走流程。不要把问题和缺陷累积到一定程度才予以解决，更不要把它们带入下一个环节。所有的工作都要在现场解决，责任人要在现场，管理者也要到场。

5. 全员参与、团队协作

改善强调发挥每一个人的积极性和主动性，但不强调个人英雄主义。俗话说："三个臭皮匠，顶个诸葛亮。"古人亦云："三人行，必有我师焉。"全员参与不仅包括基层员工，也包括管理层，甚至管理层发挥着更为重要的作用。领导要以身作则，为人表率，而且要明确改善的目标和下达改善任务，激发员工做出改善行动，并要善于发现员工做出的改善或者改善中的疏漏及不足之处，并予以协调和指导。

6. 容忍失败的改善活动

领导者要能容忍下属人员改善活动的失败，组织上下应形成宽容失败、鼓励试错的氛围，营造让员工勇于承认错误、敢于报告失败的环境。每一次失败都能提供改善的机会和防止失败的构想。犯错并不重要，重要的是不要让同样的错误再度发生。

7. 改善永无止境

改善不是一蹴而就和一劳永逸的事，改善一直在路上。组织所处的环境一直在改变，原有的改善随着时间的推移和环境的变化也会变得不再有效，同时也意味着"改善—再改善"的循环往复，也促使企业从一个进步

走向另一个进步。

概言之，改善是一种文化，需要在组织中建立起良好氛围以有序开展；改善是一种意识，需要在日常实践活动中不断思考与感悟；改善更是一种智慧，一点一滴的改善来自一线员工与现场员工的个人智慧，更需要管理层本着海纳百川的智慧，积少成多、聚沙成塔，以量变促成质变。精细化成本管理的要义在于在持续改善中达成精益。

第 3 章

精细化成本管理根本之道：消除浪费

为了巩固您对本章内容的理解，便于今后工作中的应用，达到学以致用的目的，我们录制了视频课程，您可以扫描下面的二维码进行观看。

浪费：成本里的"蛀虫"

1.1 浪费是可耻的

如今，浪费不仅随处可见，而且到了触目惊心、令人痛心疾首的地步。白流水、长明灯是浪费，胡吃海喝是浪费，跑冒滴漏是浪费，文山会海也是浪费，乱决策与瞎指挥同样是浪费。浪费不仅是可耻的，而且已成为一种罪恶。有专家估算，人们每年仅仅在餐桌上的浪费就约合 2 000 亿元，相当于两亿多人一年的口粮。有关统计数据显示，我国每年生产的粮食中有 35% 被浪费了。制止浪费，勤俭节约，已经上升到国家层面。习近平总书记对制止餐饮浪费做出过重要指示，强调通过加强立法，强化监管，严厉惩戒机制，采取有效措施，建立长效机制，提倡"厉行节约、反对浪费"的社会风尚，通过加强宣传教育，逐步在全社会营造出"浪费可耻、节约为荣"的氛围。

1.2　浪费是一种成本吗

　　上文说"浪费是可耻的"，不只是一种道德评判。从规范意义上讲，浪费是对人、财、物、时间、空间、信息、环境的无谓或无益消耗。放到企业组织个体行为中，如果把成本看作成事之本，那么浪费就是"混"在成本里的"蛀虫"，它们通常被打扮成"成本"，严重地侵蚀着个体的价值和利润。精细化的成本管理体系中，浪费被视为价值的对立面，代表着所有的客户不愿意为之付费的活动和事项。既然浪费是不产生任何价值的行为，那么对浪费就有一个有效的检验方法：如果你停止开展相关活动，那么不会产生任何不利于产品价值的效果。丰田精益管理思想的精髓就在于消除浪费，其奠基人大野耐一指出浪费普遍存在，"真实的成本也只有李子核那么大"。有人发现一种看似极端实则可能真实存在的现象：平均每个人在创造 1 分附加值的同时，也"创造"出 9 分的浪费。此时，如果能够将浪费减少到 8 分，那么附加值就变成 2 分，也就是将效益提升了一倍。这种效应在薄利多销的时代里表现得比较明显。在日本的企业界和管理学界，浪费几乎被所有人痛斥，并公认消除浪费就是提高生产率和削减运营成本的最为经济有效的方法。

　　部分大企业的组织机构较为臃肿，人浮于事，体制僵化，死气沉沉；部分中小企业正处于上升期，却因为赚到点钱就变得忘乎所以，于是摊子铺得越来越大，行政事务越来越多，成本费用越来越高，而客户价值和满意度越来越低。待到环境恶劣，危机来临时，它们却"由奢入俭难"，最终积重难返而只好清算倒闭。尽力消除一切浪费，不仅是成本管理的根本之道，也是精细化成本管理应达到的一种境界。

浪费面面观

对经营活动中浪费的研究与重视，在日本几乎到了登峰造极的地步。在日语中，浪费一词用"muda"表示，浪费如今已经成了富有责任心的企业家们无法容忍的现象。大野耐一把生产浪费归结为七个类别，并在丰田培训手册中列举了八大浪费（如图 3-1 所示），他还指出在很多操作中，浪费与价值之比达到惊人的 95：5。

图 3-1　生产中的八大浪费

结合众多专家学者们的探索，这里将浪费归结为以下几种类型并分而述之。

2.1 过度生产："鼓励"出来的浪费

过度生产，或称生产过剩，它是指生产的数量超过了客户需求或者下一工位所需要的用量，或者早早地生产出目前还不需要的产品。在精益生产管理体系中，生产过量被视为一系列浪费的源头；在准时生产下，它比滞后更糟糕，是最不应该发生的事情。

遗憾的是，组织管理中对此类浪费的管理往往轻描淡写，甚至被不合理地加以鼓励。比如，"工作进度超前""超额完成任务"，基本都被当作褒义词而被正面鼓励和宣传；再如"他用了两天时间干完了一个星期的活"等。你在赞叹他的干劲与奉献精神的同时，有没有考虑到资源被过度使用和占用，这到底是在创造价值还是在耗费价值、招致损失？

企业对于生产过度的容忍和宽容，有些原因是制度上的，如采用计件工资制，员工多生产就可以多拿工资、奖金，还有一种情况就是多生产就可以多分摊折旧等固定成本，这样就可以降低单位成本，从而使相关人员可以达成相关成本考核指标。但很多过度生产行为是管理心理上的，在生产、调度、营销或管理等环节中，相关人员都潜意识地倾向于额外的生产。有的是觉得剩余产能闲着不用可惜了，有的是出于有备无患的保险和保守储备意识，如一旦机器出故障而停工怎么办，一旦发现不合格品退货而无法补货怎么办，一旦后面员工请假缺勤怎么办，等等。

大野耐一等有识之士将过度或过量生产视为一切生产罪恶和浪费的根

源，由此而衍生出其他各种浪费，如额外的库存，额外的材料和零部件，额外的人力、设备和用具，额外的加工及燃料动力消耗，额外的借款利息支出等，所以它比较容易隐藏问题和潜在的改善线索。而且，这种现象反而给人一种安心和踏实的错觉，大家都在热火朝天地干活，好像形势一片大好。我们可能不知道这是生产不均衡、布局不合理等问题造成的，还是因为出现了帕金森效应，即大家倾向于通过多干一些事情（哪怕是无用的）来填充空余时间以显得过得很充实。对于过量生产可能带来的问题，总结如下。

（1）提早或者过度耗用材料、劳动资料和办公资源，过早、过多地产生有关耗费支出。

（2）造成前面提早采购用料，后面在产品和产成品积压。

（3）材料产品存放空间需求增大，无谓增加厂房面积，进而增加固定成本。

（4）造成产品堆积，并增加搬运和保管费用。

（5）增加库存，增加仓储成本，增大材料毁损变质和过时的风险。

（6）掩盖设备故障，因有产品缓冲需求，所以设备故障得不到及时处理。

（7）隐藏不良品，因为留有替补产品而对出现的不良品淡然处之。

（8）产品切换和市场反应速度变慢，因为已有在制品和产成品需要处理完毕后，才能进行下一批产品的处理。

（9）占用过量资金而产生利息等资金成本和机会成本。

2.2　库存浪费：各大浪费之首

如果说生产过剩或过度是一种罪恶，那么库存就是有待灭掉的敌人。库存不仅包括过度生产或销售不畅引发的产成品和在制品库存，也包括过度采购引发的原材料和其他物资用品所造成的库存。有库存会给人一种踏实的感觉，很多人也乐意为留有库存找理由和借口。由于生产经营的周期性波动，很多企业在淡季保留大量库存，认为与其让设备、人员空闲，还不如投入生产准备一些库存，这也可以避免旺季的时候出现员工手忙脚乱的现象。

在精益管理中，库存甚至被列作八大浪费之首，它与拉动式生产和准时生产格格不入。多余而不必要（起码现在不需要）的原材料、零部件和产品，导致工厂生产流受限，而无法与拉动式生产的节奏相契合。例如，在很多采用企业资源计划（Enterprise Resource Planning，ERP）系统的所谓管理现代化企业中，它们完全依据物料需求计划自动组织安排生产，因此不可避免地出现大量库存浪费，基本属于比较典型的推式生产系统。即每一个部门制订生产计划，或者推着走，而不顾下游工序的实时需求。这种安排基于数据库中的库存和在制品记录，通常与实际相差较大。库存会令企业产生以下成本。

（1）库存会占用大量资金，由此带来资金利息负担或其他机会成本。

（2）库存占用空间，增加场地使用费。

（3）库存需要保管人员，增加人工成本。

（4）库存可能发生陈旧、变质、毁损损失。

（5）库存可能遭遇天灾、盗窃等不测。

（6）库存无法及时应对外部市场需求偏好的改变，从而出现贬值或卖不出去的风险，进而增加相关成本。

（7）库存还可能掩盖企业生产经营中其他方面的问题，使企业产生相关成本。

2.3　产品缺陷：不言而喻的浪费

产品缺陷浪费也即不合格品所带来的额外成本，一般指的是产品质量不符合要求而产生的返工、返修以及报废损失。返工返修不仅发生额外费用，而且干扰正常生产，不合格产品在产出的那个瞬间还可能会对机器和相关工具造成直接的损伤（如打印纸卡住时，不单是那张纸会报废，打印机也会受损），对不合格品的处理还需要额外的人工干预。报废意味着废品所占用资源价值的直接灭失，还可能发生处置费用。不过这些还可能仅仅是表面上的损失，由此衍生的市场损失甚至无可估量。例如，产品不合格引起的客户投诉成本，以及客户发泄不满情绪而造成的社会传播效应（好事不出门，恶事传千里），可能造成企业出现质量危机、信誉危机，有可能给企业造成灾难性打击。所以，精益思想特别强调，一次把事情做对多么重要！

2.4　其他浪费：一切可能的无用功

一是动作浪费。这可能是不自觉的习惯造成的浪费。不必要的动作、别扭的动作，以及不经意的冗余动作都会造成生产效率损失，此外，员工在紧张与恶劣环境下做出的一系列动作也会造成一定浪费。这样的浪费可能是员工不自觉养成的习惯，也可能是工程布局与工作任务不合理造成的。不合理的动作会消耗员工更多的体力，浪费更多的时间，员工有时候还会因为动作不科学而损伤身体。不合理的动作容易造成员工疲劳而引发工作失误和安全问题等。

二是过度加工浪费。过度加工是一种微妙的浪费，与超过客户的需求有关。如企业工程师或工人过于迷恋某项技术，致力于通过产品实现某种技术指标，而不太在意这种产品是不是客户想要的。过度加工浪费可能由不适当的技术或设计引起，也可能是流程无法同步等造成的。

三是等待或延迟的浪费。原材料未到或不足而停工，等待设备故障修复而停止运行，工人待在一旁等机器完成部分操作才开始工作，诸如此类的等待或延迟在生产活动中可谓随时随地可见，经意与不经意的浪费交织出现。这种等待和延迟拉长了从供应商订购到向客户交付的周期。如果将这种交付期分成加工制作时间和等待滞留时间，有统计数据显示，多数制造业的等待滞留时间居然超过了加工制作时间！

四是运输搬运的浪费。将产品和工件从一个地方挪到另一个地方本身并不会创造价值。不合理的工厂布局，太占地方的设备工件及大批量的生产都可能造成不增加客户价值的运输成本。但是，将材料运到加工现场是一种必要的浪费，精细化管理的任务在于将其最小化。

此外，不协调、不均衡、各种内外部沟通协调不畅等也会造成浪费。进一步而言，既然任何不能创造附加价值的事情都是浪费，那么几乎可以无限拓展浪费的具体类别，而不局限于精益类书籍中所列的浪费种类。例如，日本佳能就把浪费分成了九类：在制品、不合格品、设备、固定费用

（过度投资）、间接人工、设计、人员能力（如本来可以机械化，却雇用了更多的人力）、动作、新产品产能提升（因投产不稳定而需要一个缓慢提升过程）中产生的浪费。此外，不得不提及人力资源方面的浪费，比如人不能尽其才，人与人交往的内耗，又何尝不是一种浪费呢？

发现和消除浪费

3.1 目标导向

进行精细化成本管理，发现和消除一切可能的浪费，首先要有明确的目标。这也是推行精细化管理容易被忽视的地方，甚至成为精细化管理思想的软肋。精细化管理往往需要从一点一滴做起，很容易被误会为过于拘泥于细节，"抓住一点，不及其余"，甚至于"只管低头拉车，从不抬头看路"。所以这里首先强调，在为消除浪费做出精益改善的时候，别忘记根本目标，从小处着手，不能忘记从大处着眼。只有从根本目的出发，才能找准真正的问题，也才有了改进的方向，这样才能保证在"做正确的事"的基础上"正确地做事"。根本目标与现实状况之间的差距才是问题，据此才能找到真正的浪费在哪里。

3.2　基本方法

1. 基于"7W"的浪费认知

本书在这里改编一句谚语，一个人在成功的道路上需要有七位忠诚的侍者相伴：何事（What）、为何（Why）、何时（When）、何地（Where）、何人（Who）、如何（What way）、何如（What effects）。本书将之称为"7W"。利用"7W"，我们可以构成对浪费系统、完整的认知体系。"7W"浪费认知清单如表 3-1 所示。

表 3-1　"7W"浪费认知清单

提问方式		具体问题示例
What	出了什么事	要做或在做什么事 可能的浪费是什么 我们的期望是什么
Why	为什么出这事	为什么要这么做 为什么出现浪费
When	什么时候	这事是在什么时候发生的 什么时候处理是合适的 什么时候可以解决这事
Where	什么地方	这事发生在哪里 问题出在哪里 在哪里比较合适
Who	当事人是谁	这事涉及谁 谁做这事合适 谁来处理这事 需要这些人吗
What way	用什么方法	这事是怎么做的 如何才能消除浪费 怎样才能不出问题

（续表）

提问方式		具体问题示例
What effects	造成什么影响	这事会造成什么后果 处理的结果怎么样 还会带来其他问题吗

下面用一个简单例子来说明一个动作的浪费认知，以及如何改善才能达到节约成本的目的。在一家电动玩具工厂，老张带领一个团队进行某种型号的电动玩具的组装，他负责监督各项工作的进度，寻求改进空间。其中，操作员小王的工作就是将一个电动机组件装配到电动玩具车上。基于"7W"的浪费认知如下。

- What？小王装配一套电动机组件用时7秒，其中，转身从身后大木箱里取零件耗时5秒，实际装配仅需要2秒。经过精益工具分析，整个装配工序在这里出现一定的效率瓶颈。主要的浪费在于转身拿零件是一个看起来比较别扭的工作，耗费了较多的时间。

- Why？小王将一个装零件的大木箱（多年一直在用的一个固定型号）放在了身后的位置，主要因为木箱较大，放在手边会有点儿碍事。

- Where？装配现场，基于流水线设置的具体工位。

- Who？小王负责操作，老张负责监督和改善。

- What way？如果将大木箱换成一个较小的木箱，就可以将其放到手边且不再碍事。

- What effects？木箱稍加改造就可以满足要求，耗费的成本微不足道，而小王拿取零件的时间将从5秒减少到1秒。而且，小王感觉轻松了不少，一天下来疲倦程度大大降低。

此类小小的改进如果发生在诸多工序中，累积起来就可以带来可观的成本节约和效率提升效果。

2. 持续消除浪费的"DMAIC 法"

"DMAIC"是著名的六西格玛管理中用于流程改善的重要工具，也是一套用来实现业绩突破的方法。它是由五个英文单词的首字母组成的，即定义（Define）、衡量（Measure）、分析（Analyze）、改进（Improve）、控制（Control）。"DMAIC 法"同样可作为持续消除浪费的基本方法，其循环如图 3-2 所示。

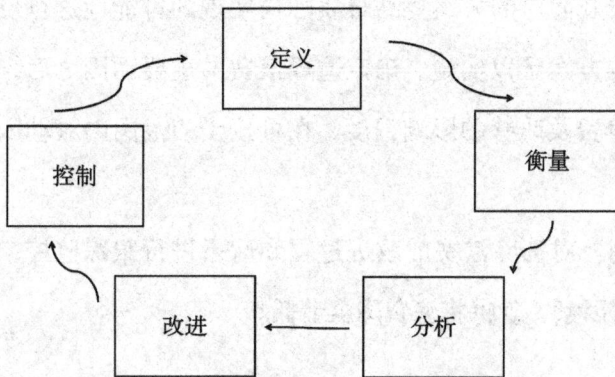

图 3-2 持续消除浪费的"DMAIC"循环

（1）定义。主要明确需要改进的对象，以及要达到的目标。例如，哪些环节消耗了较多的资源，而得到的价值比较低，存在哪些改进的机会，通过改善可以消除什么浪费和达到什么样的成本节约效果，以及由此将引起的其他方面的问题（如员工情绪、客户满意度等问题）。定义的问题越明确、目标越清晰，成功解决问题和完成改善的可能性就越大。

（2）衡量。利用数据和精确的量化分析手段，将问题细化，让问题更加聚焦于某些核心和关键点，如利用大数据、概率与统计知识及计量软件进行操作。通过衡量，确认问题的影响要素和环节，并检测相关活动的失误或偏差。问题一旦被准确衡量，控制的逻辑和改善的轨迹将变得十分清晰。

（3）分析。借助逻辑分析、现场考察、访谈等多种方法，当然最重要的还是利用统计工具进行数据分析，对形成浪费的问题和成因进行分析评估，确认导致这些问题的原因之间是否具有因果关系，确定造成浪费的主要变量。

（4）改进。根据造成浪费的问题提出可能的改进方案，然后广泛征求意见，对于涉及面广的方案要结合实际与实现的可能性进行反复讨论，选出可行的最佳方案予以实施。确定造成浪费的主要动因之后，进一步确定各动因对于浪费及改善的影响程度，在可接受的范围内对动因和变量进行调整优化。

（5）控制。对消除浪费的改进过程和后果进行跟踪监控，及时消除改进的各种阻碍因素，确保将浪费降至最低。

3.3　消除浪费的原则与措施

1. 现场管理

现场就是事件发生、成本发生的地方，也是最容易发现事实和浪费的地方。不了解现场，不正视现场，就容易雾里看花，就容易不切实际。如日本丰田等公司，企业家们笃信做成本管理，所有的浪费只有亲临现场才容易看清问题的真相。"改善思想之父"今井正明也认为改善需要到现场，他说："管理者解决问题的最好方法就是亲临现场，而传统的经理人习惯于坐在办公室接听电话、写邮件、看报告，他们的办公室往往远离现场，这让他们无法了解问题的真相。"

在很多企业中，各个层级的管理者、成本核算与管理人员，他们的绝大部分甚至全部工作都在办公室里处理，他们早就习惯了足不出户，以至于如果突然被派驻现场，就会产生一种被"下放"的感觉。今井正明在《现场改善》一书中令人信服地指出，比起简单地施行"改善"，出现在"现场"才是一种更为伟大的心态和行为上的变革。

到现场去发现和消除浪费也是成本降低的关键所在。观察力敏锐的现场管理专家可以在几分钟内判定一个企业管理能力的强弱，其方法就是参观工厂，仔细观察现场正在开展的事务。今井正明讲述了自己的亲身经历，以说明到现场发现浪费与问题的重要性。他曾经在一家相对高档的宾馆住了几天，却发现宾馆在接收传真方面存在诸多问题。他当时正在房间焦急地等待一份传真文件，当他打电话给当地办事人员时，却被告知传真在几个小时前就已经发过来了。他来到宾馆前台查询一番，才发现自己的传真文件被放在其他客人的文件夹里面，而别人的传真文件也夹在了自己的文件夹里。为什么会出现这样的失误呢？他站在大厅角上的一个高台上，观察前台是如何处理传真文件的。不到 5 分钟，他就发现了问题。工作人员并没有一个特定的、规范的文件处理方式。首先，他们没有一个固定的位置用于放置传进来的文件，有些员工把文件放到抽屉里，有些则把文件叠放在桌面上，有些更是随意摆放文件。其次，传真文件从传真机传出来时，文件序号经常是颠倒的，员工也没有按照顺序整理文化。这就是传真文件经常被放错的原因。他认为，仅仅需要半个小时就可以将这个过程规范化，这样不仅可以提高效率，而且可以避免因错误递送而导致客人产生抱怨和投诉。

今井正明还针对现场改善提出"总成本"的概念。他把总成本看成"质量、成本与交付的一个综合反映"。这三者看起来相互独立，或者没有直接关联，但事实上它们之间的关系十分紧密。首先，如果产品质量不过关，那么不管摆在客户面前的产品的价格多低，也不会打动他们，而卖不出去的产品与浪费无异。如果企业没有完善的质量管理体系，那么其将承受难以估量的成本损失。很多企业的成功经验告诉我们，改进与降低成本是兼容的，从长期来看，这种兼容显得更为明显和重要。改进可以减少错误，减少不良品和返工次数，缩短交付期，整体上节约了资源，自然有助于降低长期的总成本，而且实施改进后也将提高产量，从而降低单位成本。遗憾的是，很多企业遇到困难和成本问题，本能反应就是削减成本：裁员、降薪、压榨供应商，甚至通过偷工减料降低产品质量，最终企业产品被市场淘汰，企业也从市场出局。

另外，如果产品的质量和价格两方面都没有什么问题，但无法按时按量交付给客户，那么企业在质量和成本上所下的功夫也会变为徒劳。交付期不单单面向客户价值，它还能反映企业资金周转情况，代表资源使用效率，体现企业的柔性管理水平。缩短交付期能减少库存，减少资金占用，进而降低成本。因此，企业要保持持续竞争优势，不应仅仅依赖单一成本管理，而应该在总成本上下功夫。"总成本"管理，必须是质量、成本（狭义的成本）与交付的有机统一。换言之，真正的成本管理不是成本的绝对降低，成本管理一方面要监管各个环节的质量，另一方面要将这些环节的成本控制在目标水平。为此，今井正明在其著作中提出降低总成本的有效途径在于同步实施以下七项活动：（1）改进质量（这是重中之重）；（2）提高生产力（意味着投入和耗费相同，但生产的产品变多了）；（3）降低库存（库存会提高成本）；（4）缩短生产线（生产线长，交付期就长，延缓和延迟交货更明显，在制品和库存就多，线上作业人员就多。缝隙越多，越容易出现质量问题）；（5）减少机器闲置；（6）节省空间；（7）缩短交付期。以上这些内容都是为消除浪费而做出的努力，可以有效降低生产运营的总成本。精细化成本管理的精髓也正在于此。

2. 标准化管理

无论是在精益，还是在现场改善思想体系中，标准化都是极为重要的管理基础。今井正明将标准化视为现场管理的金科玉律，并将标准定义为"做事的最佳方法"。根据"质量、成本与交付"统筹兼顾的总成本管理思想，企业应基于客户价值导向，结合这三个因素的重要性和紧迫性要求，建立标准评估的优先顺序。标准建立后应被严格执行，一旦其受到挑战，就意味着标准的改善。新的或升级了的标准将被建立起来，新的工作程序被努力稳定下来，一个新的维持阶段又开启了。

在持续消除浪费的精细化成本管理中，标准化的主要作用在于提供解决问题的方法，同时防止问题和浪费再发生。在日常生产经营活动中会发生各式各样的浪费和异常问题，如产品缺陷、停工待料、断电断水、机器故障、员工懈怠、工作任务无法完成等。企业首先需要解决问题，方法一旦生效，就要建立新的标准，以避免原有问题继续发生，令管理者和当事人陷入不停的"救火"当中。

不少人会反对标准化，认为标准是行为的桎梏，反而不利于改善活动的开展。这种看法实际上混淆了"控制"和"管理"的概念。控制的对象重在物，而管理的对象重在人。科学的企业管理中，控制的是流程而不是人，管理者之所以管理员工，意在让员工控制好流程。所以，标准化管理并不意味着员工要被标准控制、束缚。就像开车，只有司机按驾驶规则的要求开车并遵守交通规则，才能安全到达目的地。标准应当代表最佳、最简单、最安全、效率最优和最符合成本效益原则的工作方式。为了推动成本管理的精细化，员工在具体工作中摸索出来的操作技巧和经验智慧应被总结和提炼为可执行的标准。这就相当于只要有一个员工掌握了科学、先进的技术方法，组织就可以普及这种方法，由此做到共享，成为全组织的经验，即便这个人离职了，这些经验也不会消失或被带走。

如果不按照标准执行呢？可以想象，企业会出现各种状况，如异常、偏差和浪费。标准提供了绩效衡量的依据和方法，对照标准就容易发现哪里出了问题。就像一些挑战极限的运动，必须按照标准操作，否则就可能产生致命伤害。标准首先代表当前的目标，像一些国际性认证，如 ISO 9000 等，如果能够严格按照标准执行，达标本身就意味着水平上乘。也正是因为有了标准，才有了标准与理想之间的距离，企业才能知道哪里出现了制约瓶颈——标准为进一步改进提供了基础和方向。

3. 可视化管理

在丰田的精益生产管理中，有一个著名的看板制度，这个看板就是实现准时生产的一个可视化管理工具，它向工作人员提供仅仅靠视觉（可延伸至听觉）就能直接感受到的操作指令。利用可视化方法还可追踪生产失误，还原问题的真相。笔者去肯德基、吉野家订餐，这边刚刚完成交款并发出订单，相关信息就立马传到服务人员眼前的显示屏幕，他们只需要瞄一下就知道要做的工作并进行相关的操作和交付处理。在庞大的生产车间，此类可视化管理工具具有更大的作用。在丰田，看板的一种常见形式是装在塑料袋里的卡片，它们被用作生产或撤回授权的指令，在工作场所张贴标准化作业文件也是一种常见的可视化管理方法。看板的形式多种多样。例如，如果地板上留下了一块空地，意味着产品已经被撤走，需要将这块空地用起来；货架上有一条鲜明的红线，库存低于这条线，说明需要补货；集装箱是空的，说明需要往里填充零部件；等等。

前面提到，准时生产是拉动式生产模式，即有了客户需求时才进行生产，这是不是意味着在准时生产方式下，不需要生产计划呢？答案是否定的。事实上，丰田也有长期、年度、季度、月度生产计划，这些计划主要是以已有的经销商订单和对需求的评估为依据制订的。生产计划有助于企业确定人员和零件需求，并确定自身是否有足够的能力满足客户需求。丰田会把各种预测提炼成一个生产周期为 10 天的订单，然后制订每天的生产计划，丰田针对生产周期为 10 天的订单留有一个 ±10% 的变化幅度，而这个至关重要的微调就是通过看板实现的。

在传统的成本核算与管理习惯中，相关人员并没有成本发生时的现场体验，大量的成本耗费都是被报送过来的，同时记录在台账中，变成一堆堆档案，而且一般人无法翻阅，随后所有成本信息都被纳入计算机系统储存，此时再想知道成本是如何发生的，就非常难了。目前，有很多公司采用了先进的信息管理工具——物资需求计划（Material Requirement Planning，MRP）和 ERP，其缺点在于无法可视化，工作人员无法感受到工作现场的情况和变化。此时如果利用计算机和网络提供扩展的可见性（如利用荧光屏显示生产作业、流程与库存具体数据），成本管理与浪费消除的效果就会显著提升。

4. 5S 系统管理

5S 系统也是精益管理中的有机组成部分，它可以应用到经营管理乃至日常生活的各个方面，并在消除浪费和发现异常方面发挥重要作用。当初丰田接手并投资美国通用汽车在加利福尼亚州的一个失败工厂，在丰田要求厂方布置一条新生产线时，却被告知现场已经没有位置。丰田随后利用5S 系统进行现场改善，节省了 30% 的车间空间，这些空间足够用来安排一条新生产线。

如果把生产运营全过程可视化视为展现浪费的第一步，那么 5S 系统就相当于开启了消除浪费的精细化成本管理之旅。

5S 源自五个日语单词，这五个单词分别为整理（Seri）、整顿（Seiton）、清扫（Seiso）、清洁（Seiketsu）与教养（Shitsuke）。

（1）整理。整理可视为现场与可视化管理的第一原则，即首先要把需要的与不需要的东西区分开来，并将不需要的东西予以清理或处理，为有用的东西腾出空间。在工作现场出现的任何杂物都意味着一种浪费。大家可以在脑海里展示这样一幅画面：地面上堆满各式各样的器具、夹具、模具、架子、原料、配料、在制品、不合格品、零件、配件、手推车、工作台、托盘等，有的常年不用，有的甚至好几年用不完。在办公桌上，文件纸、袋随意堆积，需要的时候常常到处翻找，抽屉里更是杂乱无章，办公用品与私人用品混在一起：铅笔、圆珠笔、笔芯、笔身、橡皮、橡皮筋、剪刀、胶带、绷带、硬币、卡片等，甚至还有糖果、药品、牙刷、香水、化妆盒等。如此种种，各类物品不断堆积，旧的、没用的不舍得扔掉，还经常为一时之需而不断添加新的物品，如此往复，恶性循环，直到积重难返。这样思考浪费现象，是不是比较直观？这些胡乱堆放的杂物还可能造成安全隐患，如剐蹭、滑落、绊倒、坠落、夹伤、视觉盲区等。即便都是在制品、制成品，堆积也意味着客户暂不需要的产品已经被生产出来，或者说企业的生产管理在面对采购生产排程的变化时显得柔性不足。另外，在众多杂物的包围下工作，员工的身心又怎会愉悦？在某种意义上，整理现场，也是整理心情。

（2）整顿。整顿就是将需要的物品整理好，整齐、有序地摆放，让它们各就其位，员工想用什么东西时马上就能找到。整理过后，将不需要的、碍事碍眼的东西清理，而后进入整顿环节，留下来的用得着的东西主要按用途及使用频率分类，合理安置，并贴上显眼的标签等，使得员工找起来方便、用起来顺手，这样员工开展工作时自然变得得心应手。

（3）清扫。清扫就是让工作场所、设备保持卫生整洁，而且清扫的过程同时也是检查的过程。在日本有句格言，即清扫就是检查。清理机器的人容易发现机器的故障、工具的毛病，机器被油污、灰尘覆盖使得问题不易被发现，在清扫中可以发现机器漏油、表面有裂痕、螺栓松动、堵塞、电线裸露破皮等问题。

（4）清洁。在这里，清洁包括两个含义。其一是员工自身要做到干净整洁。想想看，员工穿着合身的工作服，戴着安全帽，不仅自己感到舒服，还能让身边的同事感到舒适。很多人都赞同，没有什么比清洁有序的工作环境更能提升团队精神了，也没有什么比暗淡污秽的环境更能打击人的精气神了。清洁可以消除粉尘、异味、污染、霉垢、细菌等会给人造成伤害的东西，让人神清气爽，从而精神饱满地工作。清洁的另一个含义就是持续执行上述整理、整顿和清扫三个环节。这样的工作应予以制度化、规范化和系统化，并做到日复一日，循环往复，以保持清洁的效果。

（5）素养。培养文明风气，保持自律，提高员工素养，持续开展5S活动，让员工养成良好的工作习惯。素养的目的主要在于提升员工的素质，让所有员工都变成做事讲究、认真的人。

为了方便理解和普及，今井正明进一步设计了英文版的5S，如表3-2所示。

表 3-2　"5S" 框架

5S		内容简介
Sort	分类	将所有物品区分开来，并去除不需要的东西
Straighten	理顺	将重要物品进行有序排列，以方便取用
Scrub	洗刷	根除污渍、污点、碎片等一切污染，让设备、用具和工作场所等一切保持清洁
Systematize	系统化	将各项清洁和检查活动作为例行公事，变成工作惯例
Standardize	标准化	将以上4个步骤标准化，为各步骤建立起规范的评估方法，员工要严格按照标准完成各项工作，并在此基础上实现持续改善和提高

如今，5S已经发展为生活哲学，并成了企业管理中的重要方法，也是成本管理精细化的高度体现。相反，如果一家企业在工作场所没有实施5S，基本上就可以断定这是一家缺少自律、效率低下、士气低落、质量不好、浪费严重、成本虚高而且交付能力不足的企业，了解情况的客户也不会倾向于选择那些没有实施5S的供应商。日本企业的经验告诉我们一个已经达成共识的观点，要想成为一个世界级、负责任的制造商，在工作现场实施5S是必需的。

第 4 章

成本管控，信息先行：
传统成本会计精要

为了巩固您对本章内容的理解，便于今后工作中的应用，达到学以致用的目的，我们录制了视频课程，您可以扫描下面的二维码进行观看。

成本会计账户：成本信息的"家"

1.1 案例导引：百安居的成本制胜法宝——把账做细

　　百安居是源自欧洲的国际大型装饰建材零售企业，隶属于英国最大的非食品专业零售投资集团，屡屡跻身于《财富》世界 500 强之列。作为家居行业的领军者，百安居在成本节约方面几乎做到了极致。其精细化成本管理的一个重要原则就是为各种耗费设置明细账进行核算。例如，该公司位于北京的一家单店的营运报表中，光费用单项就罗列了 137 项之多，如员工工资、电费、安全鞋费用、修理费……可谓应有尽有。尽管单店日销售额能够突破一千万元，但是其仍将营运费用细化到几乎不能再细化的地步。这样，每一项费用开支几乎都对应了一个具体的成本项目。对于那些直接的、显性的成本费用，百安居制订了严格的月度计划，做到每一笔支出有据可依，预算执行情况与考核相挂钩，以保证预算的准确性。该企业还对每月超支和异常数据进行特别标识并予以高度重视，并在会议上要求相关部门对差异做出合理解释。事实上，对于百安居这种薄利多销的零售行业，在激烈的竞争与买方市场环境下，不实现低成本运营就很难生存，甚至可以说成本决定存亡。百安居正是以实际行动把成本节约发展成为企业的生存哲学，并通过日常运营的一点一滴诠释了什么叫"细者为王"。

1.2 成本会计账户的意义

企业经营管理活动中所需要的成本信息主要来自会计核算，大家也习惯于从会计账簿中获取相关成本信息。成本会计账户作为成本信息的"家"，它事关成本核算、分析与管控的精细化、清晰性和秩序化，并对经济活动与经营管理的效率产生一定影响。相关成本会计账户应在保持成本核算的独立性和有效性，满足多方面的成本管理信息需求的同时，适应企业总体会计制度设计的需要。

成本会计账户提供了相关成本信息据以分类的模型和框架，它既是成本会计的主要工作方式，又可以与整个会计核算体系融会贯通。换言之，成本会计账户设计的水平，将直接影响会计提供的成本信息的质量，反映企业精细化成本管理的水平，也会影响整个会计核算体系的有效性。当前许多企业账目不清，会计流程紊乱，并出现乱挤、乱摊成本的现象，很多都是由成本会计账户设计和处理不当造成的。因此，为保证成本会计资料的相关性和可靠性，满足企业加强经济核算、提高经济效益的需要，企业应本着多元化成本信息需求，建立健全总分结合、详略得当的成本会计账户体系。

1.3　成本会计账户的设计原则

首先，本着系统设计思想，从大处着眼，体现会计报表对有关成本信息的需求，从小处着手，使账户作为会计对象具体内容的载体，全面而又具体地反映相关成本信息的形成过程和结果，在企业内部形成一套严谨、有效的账户体系。在这个体系内，每一个账户都明确地反映某一项具体的经济内容，不同账户反映不同的经济内容，而所有的账户共同反映企业发生的全部经济内容。这些账户有的本身就是某项重要的经济指标，成为会计处理必不可少的环节；有些账户起到承上启下的作用，以保证整个成本核算体系逻辑一致、衔接严密、结构工整。实际上，会计信息就是通过账户之间的结转来有条不紊、巧妙形象地反映企业所有的经济业务事项的，独具特色又清晰明了地表达企业经济活动的全貌。同时，成本核算又具有自己的特点，是一种近似内向的会计操作。因为成本核算基本局限于企业的内部经济活动，如果不考虑输入、输出两个端口，有关资料往往具有内部结算性质，要配合内部管理的需要，有些还涉及企业的商业秘密。这就如同整个会计有机体的消化系统，从"外部"摄取"原材料"，通过内部的加工转换，形成自己的"产品"向"外部"输出。因此，如何有效处理成本会计的内向操作和外向衔接的关系，尽量避免诸如两套账之类的资源浪费情况，是进行成本会计账户设计首先要考虑的基本问题。

其次，成本会计账户设计要具有针对性和适应性。企业要设置哪些账户？哪些确定为总分类账户？哪些确定为明细分类账户？明细账户要具体到什么程度？对这一系列问题的妥善处理，要求设计者充分考虑企业的具体情况，主要包括：（1）企业规模大小、业务繁简情况；（2）企业的生产特点，包括生产工艺特点及生产组织特点等；（3）企业的会计组织形式，包括会计机构的设置、人员的配备和分工情况；（4）企业的管理要求与管理状况等。受以上因素的影响，不同企业采取了适合自己的成本会计工作方式和成本会计制度，从而要求相关人员有针对性地设计一套与之相适应的成本会计账户体系，合理有效地进行总分类核算与明细分类核算。例如，企业为加强对生产损失的核算和控制，以明确经济责任和提高管理水平，可以增设废品损失和停工损失等账户，并可以适当考虑将其上升为总账账户。实行标准成本制度的企业，还应设置各种成本差异账户，以便于对成本差异的考核和分析；实行变动成本法的企业，应将制造费用明确划分为变动制造费用和固定制造费用而分别设立账户进行核算，有关账户提供的指标口径也要进行适当的调整。

再次，成本会计账户设计应当考虑账户指标的有用性，做到算管结合、算为管用。如前文所述，每个账户都有其特定的经济内涵，其本身就意味着某项有意义的经济指标。因此，成本会计账户不单单是为了核算而设计的各个站点，更重要的是要结合企业经营管理的需要，提供相关有用的经济信息。具体而言，成本会计账户设计应该考虑做到以下几点。（1）有利于监督经济业务流程，防止乱挤、乱摊成本。各个账户核算内容的独立性和排他性，以及整个账户体系的完备性，是有效保证费用开支各得其所，成本流程清晰规范的重要前提。（2）有利于加强内部控制，防止各种差错、舞弊现象的发生。在会计工作中，划清经济责任主要依靠的是账户，如本着"谁耗费，谁负担"的原则而进行登记的成本会计账户，就是按特定范围划清经济责任的有效手段之一。（3）基于成本管理的不同要求，形成对成本信息的不同需求，这就要求有关账户设计应该紧密配合决策、控制活动的需要。因此，为满足不同目的的信息需求，每一个明细账户都类似于信息加工所需要的"原材料""零配件"或"半成品"，这些账户可以通过不同的"组合装配"满足不同的信息需求。

最后，成本会计账户设计也要兼顾成本核算的效益性。成本会计核算是复杂的系统工程，核算的是人力、物力及财力的耗费。根据"成本—效益"原则，在进行有关成本会计账户设计时，企业应考虑在满足相关需要的前提下，尽可能简化成本流转程序，避免不必要的环节和步骤，克服不必要的滞留和冗余。如生产类型单一的中小型企业，其成本核算就可以适当考虑将通常的"生产成本"和"制造费用"账户合并为"生产费用"账户进行核算，从而大大简化有关账务处理工作；又如在准时生产方式下，企业基本可以实现零存货，产品成本可以直接计入销售成本，而不必经过存货环节。此时成本会计账户体系的设计就显得很重要，它将巧妙引导成本核算的运作程序，从而大大提高工作效率和效益。可以说，成本会计账户体系的设计是会计人员知识、经验和智慧的凝聚，是其能否熟练运用会计工具的重要标志之一。

财务会计中的成本信息：熟悉的魔鬼

成本核算作为会计核算的有机组成部分，它以自身特有的复杂性和重要性而逐渐成为一个相对独立的分支，这在学术研究与实务领域中都得到了充分体现。然而在传统会计实务中，成本核算的相对单一、片面也是一个不争的事实。从确切的角度上讲，成本会计在企业会计实务中并没有真正独立，在大部分情况下被融入整个会计账簿体系中，主要为存货计量和利润表中的损益计算提供服务，所谓的用于"管理会计"的成本信息都是落在"账"外的不规范的计量和统计资料。而纳入财务会计账簿体系的成本信息必须按照国家有关会计准则和会计制度的规定而统一和机械地予以生成和列报。这显然和"不同目的有不同成本"的要求相悖。有鉴于此，管理者就需要对有关成本信息进行准确解读，清晰地认识到摆在面前的成本信息是如何生成的，判断其经济合理性与不足，进而结合特定目的和决策对已有信息进行再加工。

2.1　材料成本信息

在日常会计核算中，材料成本信息主要通过"原材料"科目来反映。原材料指的是企业为开展生产经营而持有的原料与主要材料、辅助材料、外购半成品、修理用备件、包装材料、燃料等存货物资。一般企业在日常核算中都会通过"原材料"科目进行材料成本核算，而在通用财务报表中，现行会计准则将其并入"存货"项目核算。原材料的实际成本具体包括哪些内容呢，是不是为取得材料所发生的一切支出都应计入原材料的成本呢？事实上并非如此。例如，采购部门与供应商签订采购合同、发订单等时所产生的费用并没有计入原材料的成本，同时，采购人员差旅费在会计上也习惯于不计入原材料的成本。

以外购材料为例，原材料的成本指的是为使原材料达到预计可使用状态（惯例上通常以验收入库为界限）所发生的必要的合理支出，包括买价、运杂费（运输费、装卸费、保险费、包装费、仓储费等）、运输途中的合理损耗、入库前的挑选整理费用（挑选整理人员的劳动报酬、挑选整理过程出现的损耗等），以及购买材料所发生的相关税费（包括支付的不能作为进项税额抵扣的增值税）等。材料入库之后发生的整理保管费用不再计入原材料的成本。这里主要是想告诉大家，报表中"原材料"项目列示的账面金额可能与你认为或者要管控的原材料成本未必一致。这个"原材料"的账面金额也意味着随后成本费用金额的大小，比如随着原材料被生产领用，"生产成本"的数额也就由"原材料"的账面金额转化而来，这也是会计核算规则的体现。

2.2 人工成本信息

在财务会计核算当中，并没有专门的"成本"类账户来直接核算企业的人工成本信息，企业主要利用"应付职工薪酬"这样一个负债类科目来体现企业在一定时期所负担的人工成本大小。会计上所界定的职工薪酬，是指企业为获得职工提供的服务或解除劳动关系而给予的各种形式的报酬或补偿。职工薪酬包括短期薪酬、离职后福利、辞退福利和其他长期职工福利。企业提供给职工配偶、子女、受赡养人、已故员工遗属及其他受益人等的福利，也属于职工薪酬。职工薪酬的核算内容如表 4-1 所示。

表 4-1　职工薪酬的核算内容

薪酬类别	具体形式	解释
短期薪酬	职工工资、奖金、津贴和补贴	
	职工福利费	
	社会保险费	视为短期薪酬的社会保险，包括医疗保险费、工伤保险费和生育保险费等
	住房公积金	
	工会经费和职工教育经费	
	短期带薪缺勤	企业支付工资或提供补偿的职工缺勤，包括年休假、病假、短期伤残、婚假、产假、丧假、探亲假等
	短期利润分享计划	因职工提供服务而与职工达成的基于利润或其他经营成果提供薪酬的协议
	非货币性福利	
	其他短期薪酬	

（续表）

薪酬类别	具体形式	解释
离职后福利	设定提存计划	对于设定提存计划，企业在向独立的基金缴存固定费用后，不再承担进一步支付义务
	设定受益计划	除设定提存计划外的离职后福利计划均视为设定受益计划
辞退福利		这里"辞退"包括两种情形：一是在劳动合同到期之前解除与职工的劳动关系，二是鼓励职工自愿接受裁减
其他长期职工福利	长期带薪缺勤	除短期薪酬、离职后福利、辞退福利之外所有的职工薪酬均划为此类
	长期残疾福利	
	长期利润分享计划	

在企业具体实践中，显性的人工成本核算内容几乎全部体现在"应付职工薪酬"的核算上，一定时期的全部职工薪酬，按照职工从事的具体岗位工作（服务对象）和用途，分别记入相关账户。例如，支付给一线工人的薪酬记入"生产成本"账户，生产车间管理人员的薪酬记入"制造费用"（生产成本的一部分）账户，专门设置的销售机构人员的薪酬记入"销售费用"账户，工程建设人员的薪酬记入"在建工程"账户，从事具体研发开发的员工的薪酬记入"研发支出"账户，生产部门之外的其他行政管理职能部门人员的薪酬记入"管理费用"账户等。换言之，通过职工薪酬核算的人工成本（人力资源成本的组成部分）在账务处理中会记入相应账户，如图 4-1 所示。

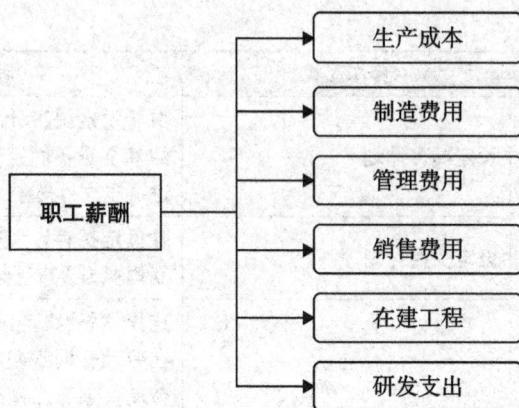

图 4-1　职工薪酬（人工成本）分配示意

"应付职工薪酬"账户所反映的人工成本信息，对于会计专业人士和成本管理人员而言，也同样应谨慎对待。一方面，其中所包含的"职工"未必都是企业在职员工，如外聘独立董事、监事和兼职顾问等，给予他们的津贴福利也在该账户中核算，而且工会经费与职工教育经费是否属于薪酬也值得商榷。另一方面，即便该账户核算的内容比较广泛，但高级别员工的薪酬并不一定在该账户中核算。例如，授予员工的股票期权、限制性股票等股权激励，本质上也属于薪酬，但会计上并没有在"应付职工薪酬"账户中核算。

此外值得大家注意的是，会计上的人工成本与企业人力资源管理所考量的人力资源成本有很大不同。"应付职工薪酬"账户反映的是企业显性的人工成本支出。美国人力资源管理协会做过一个调研，发现如果企业对一名员工支付1 000元工资，平均来看，企业最终在这个员工身上投入的成本大约为5 000元。这说明很多间接用于人身上的成本其实并没有被科学地揭示出来。在人力资源管理领域，企业组织将"人"视为资源，而人力资源成本或人力成本就是组织为获得、开发、使用、保障人力资源以及人员离职所发生的各种费用的总和。人力资源成本的构成如表 4-2 所示。

表 4-2　人力资源成本的构成

类型	含义	主要内容
人力资源组织成本	组建与维持人力资源管理专职管理部门所发生的成本	人力资源部门人员薪酬、办公费用、设施费、咨询费等
人力资源取得成本	招聘与录用员工所发生的成本	招聘费、选拔费、录用费、安置费等
人力资源培养成本	对人力资源进行开发、培训所投入的成本	上岗教育费用、岗位培训费及脱产学习费用等
人力资源使用成本	获取人力资源提供的服务所发生的成本	工资、奖金、津贴、福利费、社保费、住房公积金、工会费、劳保费、带薪缺勤等费用
人力资源服务成本	为员工提供后勤、健康、社会服务而发生的成本	医疗费、交通费、办公费用、保险费等
人力资源离职成本	因员工离职而发生的有关成本	辞退福利、诉讼费、工作中断交接损失等

2.3　产品成本信息

在制造企业的账簿中，产品的成本信息主要通过"生产成本"和"库存商品"（产成品或自制半成品）账户表现。账簿中的"生产成本"仅指产品在制造阶段所发生的直接和间接费用，包括生产所耗用的原材料成本（"直接人工"项目）、燃料及动力（单设项目或并入"制造费用"项目）、直接从事产品生产的一线员工的工资福利等薪酬（"直接人工"项目）和组织管理生产活动所发生的间接费用（"制造费用"账户或项目）。哈佛商学院教授卡普兰称这样的产品成本核算"开始得太晚，结束得太早"，相关信息扭曲，导致决策的有用性与相关性大大降低。这就需要企业的相关人员在熟悉成本信息的基础上，结合决策与管理的需要对其进行校正，这也导致出现了各种广义和拓展的产品成本概念。例如，基于产品生命周期的角度，产品成本包括产品从开发、设计、制造、销售、售后服务到回收与报废处置的全过程所发生的各种成本，财务会计核算的产品（制造）成本是其中一个重要的组成部分。此外，还有介于产品（制造）成本与生命周期成本之间的其他产品成本概念等。

传统成本会计下的产品成本核算流程

　　当企业有一套完整的成本会计账户体系后，成本核算的工作程序就可以用成本会计账户流程简明清晰地表达出来。这如同城市公交路线上的各个站点，它们各就其位、疏密相间（对成本会计账户而言，即为明细程度和核算环节的划分恰当），稳定有序地维系着整个作业的高效运行。通过对成本会计账户流程的分析，一方面，管理者可以清楚地认识并分析成本管理的关键所在；另一方面，便于会计人员熟络工作程序，并明确核算分工和责任。下面就某生产型企业的成本核算流程加以示例。

　　假如某生产企业有一基本生产车间，生产 A、B 两种产品；另设一辅助生产车间，为产品生产和其他部门提供相关劳务服务，鉴于该辅助生产车间劳务类型单一，所以其制造费用无须单独核算。基于此，该企业按月计算 A、B 两种产品的总成本和单位成本。

　　该企业的产品成本计算过程及相关账户流程大致如下。

3.1 要素费用账户的归集和分配

所谓要素，指的是企业从事生产活动所耗费的各种性质的资源。生产要素费用从大的方面说即为劳动对象、劳动资料和劳动力等的耗费，传统成本会计实务按照耗费的具体资源类型，通常将其划分为材料费、人工费、折旧费、燃料与动力费、修理费、租赁费、利息费等要素费用。基于现行的成本核算制度规定，会计上通过判断其发生是否计入产品成本，是否计入本期产品成本，能否直接计入本期具体某种产品成本等，确认本期要素费用的归属和趋向。要素费用账户的归集和分配如图 4-2 所示。

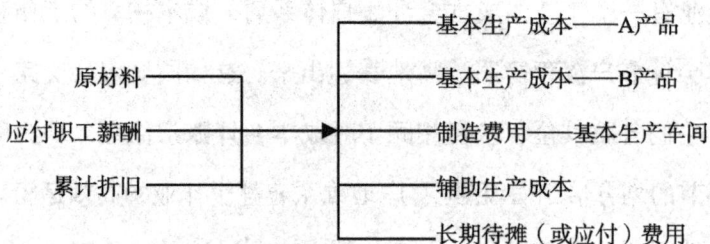

图 4-2　要素费用账户的归集和分配

3.2 跨期费用的分摊

会计核算的基本原则是权责发生制，或称应计制。据此，一定时期所发生的各种耗费支出未必作为当期的成本费用。同样地，计入本期产品成本的资源耗费支出可能在以前期间投入而应由包括本期在内的多个期间分摊，如以前期间一次性支付的长期经营租赁费用（在会计上称"长期待摊费用"等）。同时，也存在应当由本期负担但在以后期间才予以支付的情况，如在当期已经投入生产使用的租赁设备的租金待到明年才予以支付，按照权责发生制，本期应当计提计入产品成本。因此，对于由若干会计期间的产品成本共同负担的费用，如长期待摊费用、应付费用等，应按照一定分配标准，将属于本期负担的部分确认记入相应账户。跨期费用的分摊如图 4-3 所示。

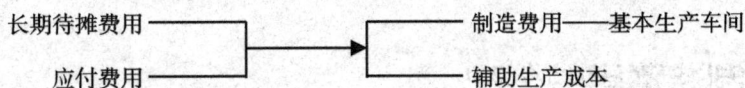

图 4-3　跨期费用的分摊

3.3　辅助生产成本的分配

对于制造企业而言，除了设有生产产品并对外销售的基本生产部门之外，还会设立一些辅助生产部门。辅助生产部门或辅助生产车间是指在企业内部从事辅助生产的车间、分厂等部门，也就是为企业基本生产车间、行政管理部门等提供服务而进行产品生产或劳务供应的生产部门。例如，为企业生产车间运输零部件、半成品、产品的运输车间，为企业生产车间和管理部门提供维修服务的修理车间等。辅助生产部门作为保障和服务部门，对企业正常开展生产经营活动具有至关重要的作用。辅助生产成本是指辅助生产部门在生产产品或提供劳务过程中发生的材料费用、人工费用、折旧费用等各项费用。辅助生产成本应当根据其提供的产品和服务的受益对象进行分配，计入企业生产的各种产品成本或当期损益。

基于本例，通过要素费用及跨期费用分配等步骤而归集汇总起来的辅助生产成本，按照一定的标准，应记入相应的受益账户，如图 4-4 所示。

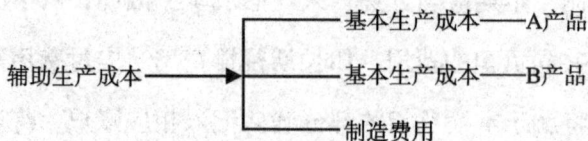

图 4-4　辅助生产成本的分配

3.4　制造费用的分配

制造费用是产品成本的重要组成部分，其是指企业为组织和管理生产而发生的间接费用。在实际应用时，制造费用的内容可能会更加广泛，可以说，对于计入产品成本而没有被单列为成本项目核算的，基本上都可以归入制造费用核算。例如，制造企业可以将产品成本分成直接材料、直接人工和制造费用三大项目，此时制造费用包括除了直接材料、直接人工之外的所有计入产品成本的各项耗费，即包括间接材料耗费，如机物料消耗、低值易耗品使用费，以及间接性的人工费用，即生产单位管理人员的工资、福利等薪酬，也包括折旧费、修理费、租赁费、保险费、取暖费、办公费、差旅费、水电费、运输费、设计制图费、试验检验费、劳动保护费及季节性生产和大修理期间的停工损失等费用。为了加强成本管理，提高精细化管理控制水平，在制造费用日常核算中，根据管理要求设置必要的费用明细项目就显得比较重要。

基于本例，从账户结转角度，制造费用账户在其金额归集汇总完毕之后，按一定标准在 A、B 两种产品之间进行分配，如图 4-5 所示。

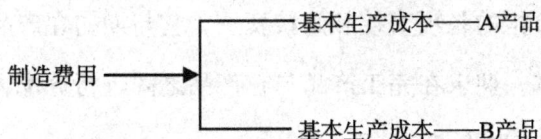

图 4-5　制造费用的分配

3.5　完工产品与在产品之间的成本分配

企业生产过程中所发生的各项费用，经过前述各种要素费用的分配、部门费用及其他费用的分配等环节后，所有应计入产品成本的费用都已经归集到"基本生产成本明细账"及它所属的各种明细账（也叫作"产品成本计算单"）中。产品成本核算的主要目的是计算本期生产完工并可以销售的产成品的总成本和单位成本。当月初、月末没有在产品时，本月发生的生产费用就等于本月产成品的成本；如果月初、月末有在产品，则本月发生的生产费用加上月初在产品成本之后，还需要将该总成本采用一定的方法在完工产品和在产品之间进行分配，这样才能计算出本月完工的产成品的成本。月初在产品成本、本月生产费用、完工产品成本和月末在产品成本之间的关系可用下式表示：

月初在产品成本 + 本月生产费用 = 完工产品成本 + 月末在产品成本

为了保证成本计算的准确性和科学性，选择恰当的完工产品与在产品成本的分配方法就比较重要，企业应当在加强对生产过程中所耗费的各项资源的成本计量的基础上，结合企业生产特点和管理要求，选择适当合理的分配方法。

本例中，经过上述有关步骤，"基本生产成本"账户便归集、汇总了本期产品成本应负担的各项直接和间接费用，它与期初在产品成本构成本期产品总生产成本，期末在完工产品与在产品之间进行分配，从而计算并结转完工产品成本，如图4-6所示。

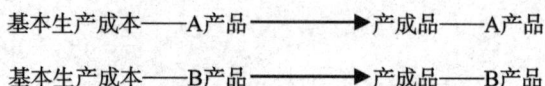

基本生产成本——A产品 ━━━━━━▶ 产成品——A产品

基本生产成本——B产品 ━━━━━━▶ 产成品——B产品

图4-6 完工产品与在产品之间的成本分配

以上便基本构成了产品成本核算的一次循环。显而易见，有效的成本会计账户流程也即有效的成本核算过程，它应当满足以下条件。

（1）账户具有有效性。每一个成本会计账户都意味着一个关口，它仅仅接纳属于自己的内容，而且要保证接纳了属于自己的全部内容。

（2）环节具有有效性。每个环节都应该是核算所必需的，同时还意味着该环节保留了有价值的成本信息，否则便可考虑将其删除或并入其他环节。如本例中，考虑到辅助生产车间的生产类型单一，其制造费用无须单独核算，于是将其纳入"辅助生产成本"账户核算，从而简化了分配环节。

（3）顺序具有有效性。先分配的费用账户，在以后的分配中不应再出现，否则意味着该账户的分配并不完全，由此导致的再分配难免会引起整个核算程序的紊乱。本例中，关于产品成本账户及其流程设计的思想，对于企业推行新型成本核算和管理，如责任成本、作业成本会计等都是个重要的启示。

第 5 章

变动成本法：
管理会计下的成本核算

为了巩固您对本章内容的理解，便于今后工作中的应用，达到学以致用的目的，我们录制了视频课程，您可以扫描下面的二维码进行观看。

变动成本法的含义

1.1 引例：过量生产应受到"激励"吗

　　某公司在南北两地各开一个分厂专门生产 A 产品，公司从总部委派张某和王某分别到南厂和北厂任厂长。两个分厂实行独立核算，公司总部按照分厂利润（财务会计核算结果）的 20% 给两位厂长发奖金。

　　开业当年，两家工厂按照现行财会制度进行核算，有关资料如表 5-1 所示。假定两家工厂所有费用均作为生产费用处理，且不考虑税金等其他因素。

表 5-1　两厂的经营状况

项目		南厂	北厂
产量		3 万件	8 万件
销量		3 万件	2 万件
单价		10 元 / 件	10 元 / 件
总成本	单位变动成本	3 元 / 件	3 元 / 件
	固定成本总额	12 万元	12 万元

从表 5-1 中很容易看出，两个分厂的产品单价、单位变动成本和固定成本总额都相同。差别在于南厂的产量比北厂低很多，而销量却超过了北厂。凭直觉判断，既然南厂卖出去的多，并且做到了以销定产、产销平衡，自然利润就应该高一些，南厂厂长的奖金应该多于北厂厂长。但财务会计核算的实际结果却恰恰相反，北厂厂长拿到了更多的奖金。究其原因，我们恐怕要说北厂厂长是深谙会计之"道"，善于投机取巧的高手。如前所述，现行传统会计实务下的成本核算被称为"完全成本法"（或称"制造成本法"），即在生产过程发生的全部生产费用（制造成本），无论是随产量变动而变动的变动成本，还是保持不变的固定成本，都计入产品成本。据此，两家工厂有关成本和利润的计算过程与结果如下。

（1）南厂产品总成本 =3 元 / 件 ×3 万件 +12 万元 =21（万元）

单位产品成本 =21 万元 ÷3 万件 =7（元 / 件）

销售成本总额 =7 元 / 件 ×3 万件 =21（万元）

南厂利润 =10 元 ×3 万件 −21 万元 =9（万元）

（2）北厂产品总成本 =3 元 / 件 ×8 万件 +12 万元 =36（万元）

单位产品成本 =36 万元 ÷8 万件 =4.5（元 / 件）

销售成本总额 =4.5 元 / 件 ×2 万件 =9（万元）

北厂利润 =10 元 ×2 万件 −9 万元 =11（万元）

看到这个结果是不是觉得很神奇？南厂的销量多于北厂，利润却比北厂低。其中的"猫腻"还是比较容易被察觉的。通过大量生产，厂房、设备等的固定费用分摊到单个产品成本中的金额变小，而且大量的库存也吸收了很大一部分成本并以资产的形式存在，这样做并不会减少当年利润，还能达到"降本增效"的效果。由此可以看出，当前传统成本核算对盲目生产形成了一种激励。就如同本例，北厂产量大大超过南厂，造成产销失衡和大量库存，而这些库存的产品身上背负着分摊过来的固定成本，即作为存货账面价值的一部分，进而没有转化成销售成本。这样北厂虽然有稍低的销售收入，但也有更小的销售成本，所以利润较南厂更高。传统成本核算的局限由此可见，虽然多生产能够充分利用生产能力，但也产生了大量库存，这与精细化管理下"去库存"、甚至"零存货"的精益目标相悖，因为库存往往意味着浪费！

变动成本法正是针对传统成本会计的完全成本的局限而设计的一种成本核算模式，并成为管理会计领域中的基准成本核算模式。

1.2　变动成本法的含义与意义

变动成本法（Variable Costing）是指企业以成本性态分析为前提条件，仅将生产过程中消耗的变动生产成本作为产品成本的构成内容，而将固定生产成本和非生产成本作为期间成本，直接由当期收益予以补偿的一种成本核算与管理方法。

由于变动成本法一般将间接成本作为固定成本而不包括在成本计算范围之内，也被称为直接成本法，在英国则被称为边际成本法或边际成本计算模式。

在变动成本法下，为改善短期经营决策，按照成本性态，企业的生产成本分为变动生产成本和固定生产成本，非生产成本分为变动非生产成本和固定非生产成本。其中，只有变动生产成本才构成产品成本。如果说传统成本会计下，产品成本构成内容包括直接材料、直接人工和制造费用，那么在变动成本法下，一般把直接材料和直接人工作为变动成本处理，而制造费用则区分为变动制造费用和固定制造费用两个部分，产品成本构成内容包括直接材料、直接人工、变动制造费用，而固定制造费用则和管理费用、销售费用一样全部作为期间费用处理。

产品成本仅仅包括变动生产成本的理由如下。

从定性的角度来看，产品是产品成本的物质承担者，若不存在产品这个物质承担者，就不应当有产品成本存在。从定量的角度来看，产品成本必然与产品产量密切相关，在生产工艺没有发生实质性变化、成本水平不变的情况下，所发生的产品成本总额应当随所完成的产品产量成正比例变动。显然，这比完全成本法仅从生产过程与产品之间的因果关系出发，将全部生产成本作为产品成本，将全部非生产成本作为期间成本的做法更加合理。

进一步来说，固定性制造费用（即固定生产成本）可能更符合期间成本的定义。在相当范围内，它的发生与各期实际产量的多少无关，它只是定期创造了可供企业利用的生产能量，因而与期间的关系更为密切。在这一点上，它与销售费用、管理费用和财务费用等非生产成本只是定期地创造了维持企业经营的必要条件一样，具有时效性。因此，固定性制造费用应当与非生产成本同样作为期间费用而直接计入当期损益。

<<<<< 第 2 节 >>>>>

变动成本法与本量利分析

2.1 本量利分析的含义与应用假设

1. 本量利分析的含义

本量利分析与变动成本法一脉相承。本量利分析即成本、业务量和利润三者依存关系分析的简称，它是指在成本性态分析的基础上，主要运用数学模型和图式，对成本、利润、业务量与单价等因素之间的依存关系进行具体的分析，研究其变动规律，以便为企业进行经营决策和目标控制提供信息。

本量利分析着重研究销售数量、价格、成本和利润之间的数量关系，它在经济分析与管理活动中有着广泛的用途，同时它也是企业进行短期经营决策、计划和控制的重要工具。

本量利分析以成本性态分析和变动成本法为基础，其基本公式是变动成本法下计算利润的公式，该公式反映了价格、成本、业务量和利润各因素之间的相互关系。本量利分析基本模型可以用公式表述如下：

经营利润＝销售收入－总成本＝销售收入－变动成本－固定成本

＝单价 × 销售量－单位变动成本 × 销售量－固定成本

＝（单价－单位变动成本）× 销售量－固定成本

上述公式用字母符号表示如下：

$$Y=px-bx-a=(p-b)x-a$$

其中：

Y 代表经营利润（息税前利润）。

P 代表单价。

b 代表单位变动成本。

a 代表固定成本。

x 代表销售量。

该公式是本量利分析的基本出发点，几乎可以说所有本量利分析都是在该公式的基础上展开的。

在本量利分析模型中，有一个重要的中间变量叫作边际贡献（也有贡献边际、贡献毛益等叫法），边际贡献是销售收入与变动成本的差额，单价与单位变动成本之间的差额为单位边际贡献，如果用单位边际贡献除以销售收入或者用单位边际贡献除以单价，则得到的结果称为边际贡献率。单位边际贡献与边际贡献率是十分重要且有用的财务经济指标。例如，如果某种产品所带来的单位边际贡献为6元，则意味着在现有基础上，不考虑其他因素变化，每销售一件产品就能带来6元的利润。换言之，每增加1件产品，就多6元利润；相反，每减少1件产品，利润就会在原有基础上减少 6 元。该指标的应用在下文示例中将会多次出现。

2. 本量利分析模型的应用假设

在现实经济生活中，成本、销售数量、价格和利润之间的关系可能非常复杂。例如，成本与业务量之间可能呈线性关系也可能呈非线性关系；销售收入与销售量之间也不一定呈线性关系，因为售价可能发生变动。为了建立本量利分析理论，必须对上述复杂的关系做一些基本且合理的假设，由此来严格限定本量利分析的范围，对于不符合这些基本假设的情况，可以进行本量利扩展分析。相关知识本书不予讲述，因为只要掌握基本的本量利分析原理，就可以结合实际情况进行适当的改造和拓展。

传统本量利分析需要满足以下假设。

（1）相关范围和线性关系假设。

由于本量利分析是在成本性态分析的基础上发展起来的，所以成本性态分析的基本假设也是本量利分析的基本假设。具体假设为在相关范围内，固定成本总额保持不变，变动成本总额随业务量变化成正比例变化，前者用数学模型来表示就是 $y=a$，后者用数学模型来表示就是 $y=bx$，所以，总成本与业务量呈线性关系，即 $y=a+bx$。相应地，假设售价也在相关范围内保持不变，这样，销售收入与销售量之间也呈线性关系，用数学模型表示为：$y=px$（p 为单价）。

（2）品种结构稳定假设。

该假设是指在一个生产和销售多种产品的企业里，每种产品的销售收入占总销售收入的比重不会发生变化。但在现实经济生活中，企业很难始终按照一个固定的品种结构来销售产品，如果销售产品的品种结构发生较大变动，那么将导致利润与原来品种结构不变假设下预计的利润有很大差别。有了这种假设，在合理的基础上，企业管理人员就可以聚焦于价格、成本和业务量这几个关键因素对营业利润的影响。

（3）产销平衡假设。

所谓产销平衡就是企业生产出来的产品总是可以销售出去，能够实现生产量等于销售量。在这一假设下，本量利分析中的量就是指销售量而不是生产量。进一步来讲，在销售价格不变时，这个量就是指销售收入。但在实际经济生活中，生产量可能会不等于销售量，这时产量因素就会对本期利润产生影响。

正因为本量利分析建立在上述假设基础上，所以为了保证其适用性与有效性，一般只将其应用于短期分析。在实际工作中应用本量利分析原理时，企业必须从动态的角度分析生产经营条件、销售价格、品种结构和产销平衡等因素的实际变动情况，据此适当调整分析结论。

2.2　本量利分析的基本应用：盈亏平衡分析

本量利分析的基本应用方式是进行盈亏平衡分析。简单地说，就是要分析产销量达到什么水平就可以做到保本。保证公司或产品不盈不亏的产销量即为盈亏临界点，或称盈亏平衡点、保本点；达到目标利润所要求的销售量即为保利点。无论是保本点还是保利点，都可以正常代入本量利分析模型求解。

结合变动成本法与本量利分析基本原理来看一个简单案例。

某制造企业在外地租了一个厂房，该厂房专门用来生产销售某种产品，假定产销平衡，价格与成本水平稳定，正常年份产销量为8 000件，产品单价为1 000元。生产场所与相关设备的年固定租金为50万元，另需要按照销售额的10%支付附加的可变租赁使用费。产品生产成本如下：直接材料费用为200万元，均为变动成本；人工成本总额为180万元，其中计件工资成本为120万元，管理人员固定薪酬为60万元。除此之外，生产维持、销售与管理费用总共为182万元，经成本性态分析，其中固定成本为142万元，变动成本为40万元。

根据上述资料，有关计算和本量利分析如下。

（1）根据变动成本法，首先测算变动成本与固定成本数额。

固定成本 =50+60+142=252（万元）

单位变动成本 =1 000×10%+（2 000 000+1 200 000+400 000）÷8 000

$\qquad$=100+450=550（元）

（2）利用本量利分析模型进行盈亏平衡分析。

根据 $Y=px-bx-a=(p-b)x-a$

令 $Y=0$

求得：保本点 $=a/(p-b)$

保本点（销售量）=2 520 000÷（1 000-550）=5 600（件）

（3）假如公司期望的最低利润（息税前经营利润）为36万元，则该产品的最低销售量应达到多少，当前有没有达到或超过该利润水平？

根据 $Y=px-bx-a=(p-b)x-a$

其中，Y 等于所要求的目标利润。

求得：保利点 $=(a+Y)/(p-b)$

该公司要求的保利点计算如下。

保利点（销售量）=（2 520 000+360 000）÷（1 000−550）=6 400（件）

由于公司正常年销售量为8 000件，超过了保利点，说明公司当前产销量对应的利润水平超过了所要求的最低利润水平。

（4）进一步拓展分析。接上例，如果生产所需原材料价格将上涨20%，其他因素不变，那么产品价格应上涨多大幅度才能保持当年利润水平（保利分析）？解析如下。

当前利润=（1 000−550）×8 000−2 520 000=1 080 000（元）

假设材料涨价时，保证当前利润水平的产品新单价为 p，则：

单位变动成本 = p×10%+[2 000 000×（1+20%）+1 200 000+400 000）]

$$÷8 000$$

$$= p×10\%+500$$

将有关数据代入本量利分析基本公式，即

[p−（p×10%+500）]×8 000−2 520 000=1 080 000（元）

求得：

p=[（1 080 000+2 520 000）÷8 000+500]÷（1−10%）=1 056（元）

就是说，为了保证现有利润水平，产品价格需要从当前的1 000元调整到1 056元。

价格上调幅度=（1 056−1 000）÷1 000×100%=5.6%

基于变动成本法的管理决策

变动成本法主要应用于短期经营决策，包括用于分析某种产品是否生产、如何生产以及生产多少，以保证相关成本最小化或利润最大化。以下介绍其在几个经典场景中的应用。

3.1 是否接受特殊订货

这里所谓的特殊订货是指产品的订货单价不但低于产品的正常订货价格，有时还低于产品的单位成本的订货。其中，正常订货是指已纳入年度生产经营计划的订货，又称正常任务，其售价为正常价格。追加订货通常是指出现在计划外的、通常是一次性的订货任务。

在企业已有销量不足、尚有剩余生产能力的情况下，基于本量利分析原理，是否接受特殊订货的关键在于特殊订货的单价是否大于其单位变动成本。简单地说，如果特殊订货所能提供的边际贡献在补偿追加的专属成本（如果有）后能为企业提供一定数额的盈利，那么不考虑其他因素（如可能对正常销售形成一定冲击），企业就应该考虑接受特殊订货。

例如，某公司生产体育器材，以现有生产能力能生产 7 000 套器材，公司根据市场调研结果，预计明年正常的产销数量为 5 000 套，每套器材的单价为 1 300 元，如果按照传统财会实务，单位产品成本预计为 800 元。预计利润表（简表）如表 5-2 所示。

表 5-2 预计利润表（简表）

项目	金额（万元）
销售收入	650
减：销售成本	400
销售毛利	250
减：销售与管理费用	120
经营利润	130

基于变动成本法和成本性态分析，上述销售成本包括每套器材 400 元的变动成本，在销售与管理费用中包括每套器材 100 元的变动成本，其余均为固定成本。现在正常的销售预算之外，某外商委托国内一家代理机构向该公司订货 1 000 套，每套器材出价 780 元，这笔交易不产生变动销售与管理费用，但该公司需向代理机构支付销售佣金 5 万元。

根据上述资料可以看出，采用传统的成本核算办法（完全成本法）计算的单位生产成本为 800 元（4 000 000 ÷ 5 000），即便不考虑销售与管理费用，这笔特殊订单的产品单价也小于单位生产成本，这样客户就很容易产生接受这笔订货不划算的错觉，然后做出拒绝接受的决策。基于变动成本法和本量利分析原理，正确的分析思路如下。

如果接受特殊订货，每增加 1 套订货，获得收入（单价）780 元，而增加的变动成本为 400 元，如果接受特殊订货 1 000 套，则增加的边际贡献为：

（780-400）×1 000=380 000（元）

再减去增加的代理酬金（专属成本）50 000 元，则接受特殊订货而增加的利润为：

380 000-50 000=330 000（元）

可见，接受特殊订货能够给公司额外带来利润 33 万元，公司又有接受订货的生产能力，因此不考虑其他因素，该公司应当选择接受这笔特殊订货。

3.2 "亏损产品"是否停产

一家企业可能同时从事多种产品的生产经营，当其中某种产品的销售收入低于按传统成本会计方法计算的产品（销售）成本时，这种产品就通常被认定为"亏损产品"，按照惯性思维，这种产品在正常情况下应该停产。但是，如果按照变动成本法的观念来看，这类决策问题一般可采用边际贡献分析法进行探究。我们不妨看一个简单例子。

某制造企业生产甲、乙两种产品，假定产销平衡。基于传统成本核算方法，产品成本包括直接材料、直接人工、制造费用（包括变动和固定制造费用）等。基于有关制度规定，固定制造费用应按照两种产品的直接人工比例在两种产品之间进行分配。在决策年度，根据有关会计账簿记录，两种产品的有关数据如表 5-3 所示。

表 5-3　两种产品的有关数据

项目	甲产品	乙产品
单价	800 元	360 元
产销量	20 000 件	30 000 件
直接材料	200 元/件	150 元/件
直接人工	60 元/件	50 元/件
变动制造费用	180 元/件	130 元/件
固定制造费用	5 400 000 元	

根据表 5-3 提供的资料，采用传统成本计算方法（即完全成本法），可以测算出甲乙两种产品的单位成本，计算过程如下：

固定制造费用分配率 =5 400 000÷（20 000×60+30 000×50）=2（元/时）

单件甲产品分配固定制造费用 =2×60=120（元）

单件乙产品分配固定制造费用 =2×50=100（元）

因此，甲产品单位成本 =200（单位直接材料）+60（单位直接人工）+180（单位变动制造费用）+120（单位固定制造费用）=560（元）

乙产品单位成本 =150（单位直接材料）+50（单位直接人工）+130（单位变动制造费用）+100（单位固定制造费用）=430（元）

据此，也即从财务会计上看，甲产品的销售单价（800 元）大于其单位成本（560 元），因此甲产品是盈利产品，而乙产品的销售单价（360 元）小于其单位成本（430 元），因此乙产品就是这里所谓的亏损产品。

如果该企业基于账面信息，简单认为乙产品是亏损产品，应该停产，或者停产会让企业利润更高，那将是一个错误的判断。先不妨做一个粗略分析，如果停止生产乙产品，企业的生产能力就会出现剩余，闲置生产能力不能被利用，而固定成本并不会随着乙产品停产而降低，而是将本来由乙产品负担的固定成本转由甲产品来负担，那么甲产品恐怕也难以盈利了。正确的计算分析思路如下。

乙产品的销售单价为 360 元，生产乙产品的单位变动成本为 330 元（150+50+130），这意味着每产销 1 件乙产品，就能带来收入 360 元，而带来的成本仅仅为 330 元，也即边际贡献为每件 30 元，因此每多生产一件乙产品就会增加 30 元（360–330）的利润。相反，如果减少 1 件乙产品的生产和销售，那么经营利润就会减少 30 元。因此，基于变动成本法的正确分析方式，该企业非但不应停止生产乙产品，而且如果有条件有市场，还应当增加乙产品的生产和销售。

3.3　零部件自制或外购

很多机械制造企业生产产品所需的零部件（包括原材料、半成品等）基本都面临着自制还是外购的选择问题。在做自制抑或外购零部件的具体决策时，企业首先要考虑的因素乃至决定性标准就应当是成本了。直白地说，如果零部件的外购成本比自制成本更低，自然是外购比较划算。但能够简单地把外购价格与自制的完全成本相比较吗？相信大家现在已经能够利用变动成本法的核算原理进行理性分析了。

根据变动成本（或者增量成本、边际成本）法则，在做此决策时只考虑那些随自制与外购决策改变而变动的成本即可。例如，对于有自制生产能力的企业，自制某零部件所带来的成本增量只包括生产零部件所需要的劳动力、材料、燃料、动力等成本（变动成本）。无论是外购还是自制都无法避免的固定成本等无关成本，就应当排除在外。当然，如果企业尚无自制生产能力或自制能力不足，那么用于提升自制生产能力的专属成本等也应当考虑在内。

例如，某机床厂需要一种零部件，过去一直由本厂自制，全年需要量为 64 000 个。本厂通过市场调查，发现有一个专门的零部件生产厂家能够并且愿意向本厂提供所需要的全部零部件，报价为每件 22 元，该机床厂生产部会同财务部就此零部件近年来的实际成本水平进行分析发现，自制该零部件的平均单位成本为 28 元。具体构成如下：直接材料 9 元，直接人工 7 元，变动制造费用 4 元，固定制造费用平均分配额 8 元，其中专属固定成本为每件 3 元。

现就该零部件是否停止自制而选择外购进行讨论和决策。摆在面前的第一个问题是如果停止自制，原有生产能力将闲置下来而且不能移作他用。此时是选择自制还是选择外购呢？相关分析如下。

首先，该机床厂账簿资料显示，自制零部件的平均单位成本为 28 元（9+7+4+8），大于零部件的外购单价，如果仅从表面看就容易得出外购更加划算的论断。但排除无关成本之后，可以测算出每生产 1 件零部件的成本，为 20 元（9+7+4），这也是单位变动成本，而外购的成本为每件 22 元。因此，若停止自制而闲置的生产能力不能移作他用，该机床厂将不能因为停止自制而带来其他方面的利益或减少一定成本，因此该机床厂不应当选择外购。

其次，还有一种可能性，即如果停止自制，原来自制零部件的一些专用设备可以出租出去，预计每年可带来 170 000 元的租赁收入。如果将这种可能性考虑进去呢？分析如下。

因停止自制而闲置的专用设备可以出租而带来收益 170 000 元，这个收益构成自制方案的机会成本。相关计算如下：

自制的相关成本 =20×64 000+170 000=1 450 000（元）

外购的相关成本 =22×64 000=1 408 000（元）

由于外购的相关成本小于自制的相关成本，因此，如果该机床厂能够设法将自制用的设备出租，不考虑其他因素，其可以考虑停止自制而选择外购。

此外，针对零部件的自制抑或外购决策，在当企业所需要的零部件的数量不确定的情况下，企业可以在变动成本法基础上，利用成本无差别点法进行分析。接上例，立足于自制设备可用于出租这种可能性，假设该机床厂零部件的需求量为 x，令外购成本等于自制成本，可建立起如下成本无差别方程式：

$170\ 000+20x=25x$

求解得：x=34 000（件）

即自制与外购的成本无差别点为 34 000 件。

上述函数关系如图 5-1 所示。

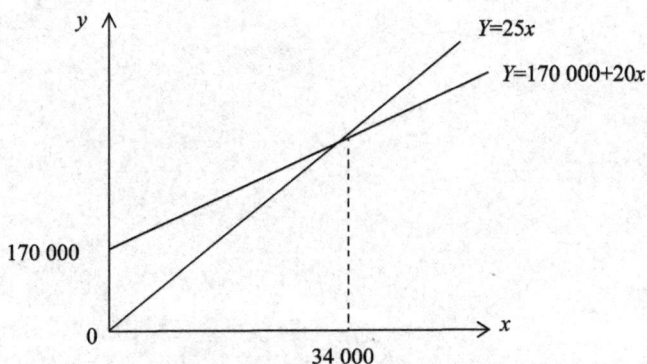

图 5-1　自制与外购的成本无差别点示意

　　不难看出，当该机床厂零部件需求量小于 34 000 件时，外购成本低于自制成本，其应考虑选择外购；如果零部件需求量大于 34 000 件，自制成本则低于外购成本，该机床厂选择自制会更加划算。

第 6 章

标准成本法：
精细化成本管理的基础工程

为了巩固您对本章内容的理解，便于今后工作中的应用，达到学以致用的目的，我们录制了视频课程，您可以扫描下面的二维码进行观看。

标准成本制度概论

1.1 "科学管理之父"的三大实验与标准化管理

弗雷德里克·W.泰勒是美国著名管理学家、经济学家,被尊称为"科学管理之父",其代表作《科学管理原理》是管理学的奠基之作,标志着现代管理学的诞生。泰勒的科学管理思想体系的核心就是标准化,由其主导并展开的旨在提高生产效率和标准化的三大实验拉开了科学管理运动的大幕。

第一个著名实验被称为"搬运生铁块实验"。泰勒以顾问身份进入伯利恒钢铁公司不久,便展开"搬运生铁块实验",开启了著名的时间研究和动作研究。当时该公司的生铁搬运工作由75个工人来完成,每人每天的搬运量平均为12.5吨,搬运速度和发生的成本基本与同行看齐。实验首先用了三四天时间对75个工人进行仔细观察,初步选出4个体质过硬的工人,再经过进一步考察,一个被认为最有潜质的名叫施密特的工人从4人当中脱颖而出，成为唯一实验对象，这次实验也被叫作"施密特实验"。他严格按照专门委派的管理人员的指示进行操作，泰勒利用秒表监测控制着他的一举一动和发出指令。经过反复测验和校正，最后这名工人平均每天搬运的生铁数量从原来的 12 吨多激增到 48 吨。泰勒据此总结出一套标准化动作和时间定额，并要求所有工人效仿执行，自此后该公司工人搬运生铁的工作定额也调整到每天 47.5 吨。而后，泰勒几乎对每一项工作的动作都进行了研究，为定额、标准化管理奠定了坚实、良好的基础。

第二个著名实验被称为"铁锹实验"或"铁砂和煤炭的挖掘实验"，也是在伯利恒钢铁公司进行的。泰勒发现，工人干活都自带铁锹（铁铲），铁锹的大小各不相同，而且不管铲什么物料都是用同一把铁锹。如此一来，在用铁锹铲煤炭比较合适的情况下，如果工人用它来铲铁砂就会比较费力。这样不仅工作效率降低，而且工人容易疲惫。于是，泰勒不再让工人自带工具，而是给他们配备各种标准化的工具，并指定干什么活用什么工具，每铲的负荷也达到标准的 21 磅（1 磅约为 0.45 千克，余同）。同时，泰勒也像"搬运生铁块实验"一样，对标准化的动作进行精细化的考察和探究，合理安排工人的作息时间，得出一个一流工人每天应该完成的标准工作量。实验系统地研究了铁锹的重量、形状和规格，以及铲装各种物料的最佳动作和工作方法等，几乎在方方面面将精细化管理发挥到极致。实验所带来的直接成果是整个钢铁公司的铲装工人从原来的 400~600 人减少到 140 人，人均产能从原来的每天 16 吨提高到 59 吨，工人的收入也有了很大提高。这个杰出的成就表明"每一个简单动作都隐含着一种科学的成分"。泰勒的标准化管理思想与工作原理也基本成形，并推动了管理从过去的经验主义变成一门真正的科学。

第三个实验是艰苦的"金属切削实验"。这项实验前后延续了 26 年，实验次数超过 3 万次，80 万磅的钢铁在实验中被切成铁屑，耗资达到 15 万美元。在 100 多年前，这并不是一笔小数目。实验形成了一系列的金属加工方面的工具标准、用量标准和效率标准，留下了令后世瞻仰的宝贵科学资料。

"标准化"是泰勒的科学管理思想及其全部研究成果的主要呈现方式，他开了标准化管理的先河，所以也被称为"标准化管理之父"。当代诸如国际化标准组织（International Organization for Stanclardization，ISO）、良好操作规范（Good Manufacturing Practice，GMP）等标准化管理体系，沿用的基本也是泰勒的标准化思想与工作方法。毫无疑问，标准化管理已经成为现代管理，而不仅仅是生产管理的核心构成部分。标准成本会计制度成为企业标准化管理的重要组成部分，也得益于泰勒的科学管理思想的指引和重要奠基。

1.2　标准成本制度的兴起

标准成本制度，或简单称之为标准成本法，是相对于传统的实际成本核算方法体系而言的，是融成本核算、成本控制与成本分析于一体的成本会计与成本管理制度。自 20 世纪 20 年代以来，一批工程师和会计师追随着科学管理的脚步，并在泰勒的标准化工作原理的指引和启示之下，逐渐发展了标准成本制度，并且该制度迅速成为工业化国家主流的成本会计制度。

作为标准成本制度的奠基者，美国效率工程师爱默森也是一位泰勒制忠诚的追随者。1904 年，他首先在美国铁道公司应用标准成本法。他在研究中指出，按照实际成本制度获得的成本数据既过时又缺乏正确性，而标准成本则能及时显示实际成本与标准成本之间的偏差，从而使管理者对达不到标准的低效问题予以关注。因为爱默森不是会计师，所以他当时没有提出标准成本的会计处理方法。1911 年，美国会计师查特·哈里逊第一次设计出一套完整的标准成本会计制度。他随后发表了一系列文章来介绍和普及标准成本法，详细介绍了相关会计账户设置、账务处理方法，并设计出一套系统的成本差异分析模型，对于推动标准成本制度的建设与应用发挥了十分重要的作用。

1919 年，美国全国成本会计师协会成立，它也是当前知名的美国管理会计师协会的前身。协会成立伊始的主要工作任务之一就是完善和推广标准成本法。1920 年，在其首届年会上，会计师和工程师协作配合，共同设计出一套将实际成本与标准成本结合起来的方法，并通过设置"效率差异""价格差异"账户来核算人工成本差异与材料成本差异。随着在 1923 年间接费用差异分析模型被认可，标准成本差异分析技术得以完善，系统完整的标准成本制度真正得以形成，并从实验阶段进入实施阶段。

1930 年，哈里逊将自己的研究成果集成在《标准成本》一书中，这是世界第一部论述标准成本制度的专著。标准成本制度在那段时期得到了迅速发展，而且从美国传入英国、德国、日本、瑞典等国家，在会计实践领域得到了十分广泛的应用，并成为这些国家正统的成本会计制度。哈佛大学著名学者卡普兰甚至遗憾地表示，自从标准成本法被推广以后，在随后的半个世纪中，成本与管理会计领域几乎没有取得什么进步。

1.3　标准成本法的含义与意义

1. 标准成本法的含义

何谓标准成本法？这里引入一个我国财政部发布的管理会计应用指引中给出的概念。标准成本法是指企业以预先制定的标准成本为基础，通过比较标准成本与实际成本，计算和分析成本差异、揭示成本差异动因，进而实施成本控制、评价经营业绩的一种成本管理方法。

要理解标准成本法的含义，首先要知道什么是标准成本。标准成本有理想标准成本和现实标准成本之分。理想标准成本是指企业在理想状态下所能达到的成本水平，理想状态包括生产条件最佳、经营环境最有利、全部生产要素都能达到最佳使用效果、不存在一点浪费等。这种情况实际上很难达到，所以理想标准成本不宜作为成本考核标准，但可以作为精细化成本管理的一个方向指引。现实或正常标准成本是指在正常的生产技术水平和有效的经营管理条件下，企业经过努力应达到的产品成本水平。达到这种成本水平并不是一件容易的事情，但经过努力可以达到，可以形象地称为"蹦一蹦，够得着"。采用这种标准成本既有利于企业提高生产效率，又有助于其控制成本，因此，会计与成本管理实践中一般采用现实或正常标准成本的概念。

有了标准成本，就有了实际与标准之间的比较，于是自然形成了"成本差异"概念。成本差异是指实际成本与相应标准成本之间的差额。当实际成本高于标准成本时，形成超支差异；当实际成本低于标准成本时，形成节约差异。成本差异分析显然成为标准成本制度的一个重要组成部分。

2. 标准成本法的意义与作用

企业应用标准成本法的主要目标是通过标准成本与实际成本的比较，揭示与分析标准成本与实际成本之间的差异，并按照例外管理的原则，对不利差异予以纠正，以提高工作效率，不断降低产品成本。

近些年，我国财政部在全国掀起学习、研究与推广应用管理会计的浪潮，甚至掀起了我国大中型企业的管理会计运动，也引入了相应的管理会计工具，如标准成本法。标准成本法不仅是一个主要的管理会计工具，也是其他管理会计工具与方法的应用前提。标准是基础，俗话说："基础不牢，地动山摇。"如果缺乏这个基础，那么诸如作业成本法、经济增加值和平衡计分卡等科学管理手段的应用无异于沙上之塔。标准就是规矩，不立规矩，不成方圆。没有这个规矩，就难以判断实际行为的合理性与正当性，管理控制也将无从下手。标准成本制度作为管理控制系统的服务支撑体系，是大部分管理会计工具发挥作用的基础。我国知名管理会计专家刘俊勇指出，标准成本应当成为我国企业从事管理会计实践的第一步。

标准成本制度在精细化成本管理中的具体意义和作用可以总结为以下几个方面。

（1）有助于加强员工的成本意识。在标准成本制度下，各项标准成本指标需要进行具体、细致的分解，落实到各个部门、各道工序乃至各个员工，并将其作为各部门和员工的执行依据和工作目标。员工在增强成本意识后，会通过自身的努力做到达标和超额完成指标。

（2）有助于加强对成本的全过程控制。成本全过程控制可粗略地分为事前、事中、事后控制三个环节。通过事前制定各项用时、用量标准和成本标准，对各种资源消耗和各项费用开支提前做出预算和控制，达到事前控制效果；通过对实际成本发生过程的核算与监控，及时纠正实际脱离标准的不利偏差，达到事中控制目的；通过成本差异分析，找出相关经济活动与资源耗费未能达到成本标准的原因，总结经验教训、积极寻求改进措施，并配合绩效考核与相应的激励约束手段，奖勤罚懒，奖优罚劣，避免以后再出现类似失误，从而让事后控制发挥积极作用。

（3）有助于做出基于成本效益的经营决策和价格决策。标准成本作为正当成本，能够提供及时、一致的成本信息，消除经营管理活动中低效率、浪费及一些偶然因素对成本和价格波动等的影响，有助于企业管理者据此做出相关的经营决策和定价决策，并对市场环境变化及时做出反应。

（4）有助于简化会计核算工作。在标准成本制度下，在产品、产成品等均可按标准成本计价，并据以结转成本和计算损益，减少实际成本计量过程中出现的一些麻烦，有助于简化成本核算，提高会计人员的工作效率。

（5）有助于预算与绩效评价工作的开展。标准成本既可以用作成本预算的编制依据，也可以作为业绩评价的尺度。实际成本与标准成本之间的差异比较，能够体现预算执行情况及实际工作的质量。此外，在责任会计制度下，各责任中心之间资源转移的内部结算转移价，可以利用标准成本或标准成本加成方式加以确定，这样可以避免各责任中心的成本效益受外界的、意外的、偶然的因素的影响，从而有利于企业科学地组织绩效评价。概言之，没有完善的标准成本制度，诸如全面预算管理和绩效考核将可能成为无根之木，难以有效开展。

1.4　标准成本法的主要程序

根据官方发布的成本管理工具指引，企业应用标准成本法，一般按照确定应用对象、制定标准成本、实施过程控制、成本差异计算与动因分析，以及修订与改进标准成本等程序进行。为了顺利而有效推行标准成本法，企业应成立由采购、生产、技术、营销、财务、人力资源、信息等有关部门组成的跨部门团队，负责标准成本的制定、分解、下达、分析等。

1. 确定应用对象

为了实现成本的精细化管理，企业应根据标准成本法的应用环境，结合内部管理要求，确定应用对象。标准成本法的应用对象可以是不同种类、不同批次或不同步骤的产品。

2. 制定标准成本

企业制定标准成本可由跨部门团队采用"上下结合"的模式进行，经企业管理层批准后实施。在制定标准成本时，企业一般应结合经验数据、行业标杆或实地测算的结果，运用统计分析、工程实验等方法，按照以下程序进行：

（1）就不同的成本或费用项目，分别确定消耗量标准和价格标准；

（2）确定每一成本或费用项目的标准成本；

（3）汇总不同成本项目的标准成本，确定产品的标准成本。

关于标准成本的具体制定方法与计算内容将在下文另行阐述。

3. 实施过程控制

企业应在制定标准成本的基础上，将产品成本及其各成本或费用项目的标准用量和标准价格层层分解，并将其落实到部门及相关责任人，形成成本控制标准。

各归口管理部门（或成本中心）应根据相关成本控制标准，控制费用开支与资源消耗，监督、控制成本的形成过程，及时分析偏离标准的差异及其成因，并及时采取措施加以改进。

在标准成本法的实施过程中，各相关部门（或成本中心）应对其所管理的项目进行跟踪分析。

生产部门一般应根据标准用量、标准工时等，实时跟踪和分析各项耗用差异，从操作人员、机器设备、原料质量、标准制定等方面寻找产生差异的原因，采取应对措施，控制现场成本，并将相关数据及时反馈给人力资源、技术、采购、财务等相关部门，以共同实施事中控制。

采购部门一般应根据标准价格，按照各项目采购批次，揭示和反馈价格差异形成的原因，控制和降低总采购成本。

4. 成本差异计算与动因分析

企业应定期将实际成本与标准成本进行比较和分析，确定差异数额及性质，揭示差异形成的动因，落实责任中心，以寻求可行的改进措施。

成本差异的计算与分析一般按成本或费用项目进行。具体计算分析方法将在下文另行阐述。

5. 修订与改进标准成本

为保证标准成本的科学性、合理性与可行性，企业应定期或不定期对标准成本进行修订与改进。

一般情况下，标准成本的修订工作由标准成本的制定部门负责。企业每年都要对标准成本进行测试，通过编制成本差异分析表，确认是否存在因标准成本不准确而形成的成本差异。当该类差异较大时，企业应按照标准成本的制定程序，对标准成本进行调整。除定期测试外，当外部市场、组织机构、技术水平、生产工艺、产品品种等内外部环境发生较大变化时，企业也应及时对标准成本进行调整。

此外，在现行会计实践中，企业在不违背相关会计准则、制度的情况下，可以对标准成本与相关差异采用专门的账户进行记录，并进行相应的账务处理。因此，标准成本法也是十分难得的能够将财务会计与管理会计有机融合在一起的成本核算与管理方法。

标准成本法的主要会计处理框架如图 6-1 所示。

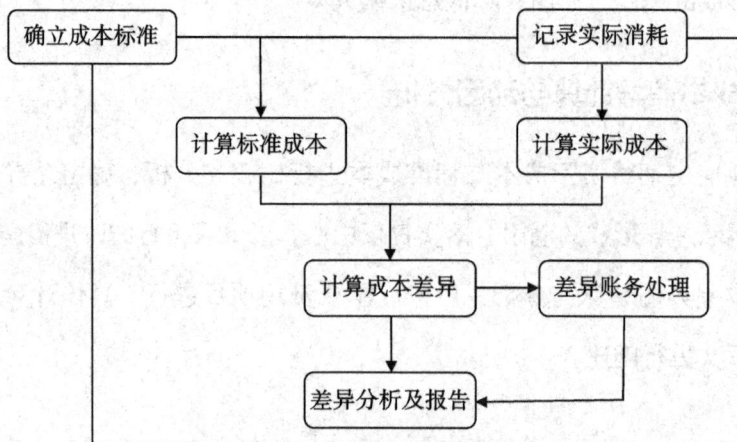

图 6-1 标准成本法的主要会计处理框架

标准成本的制定与计算

2.1 标准成本的制定方法

事先制定的标准成本也叫作成本标准。制定科学的成本标准是执行标准成本制度的前提和基础，也是企业采用其他管理方法的基础。企业应当充分利用相关信息，并结合自身实际，选择适当的成本标准制定方法。常见方法如下。

1. 工程技术测算法

在应用工程技术测算法时，企业主要根据生产条件对生产过程中的投入产出比进行估计。具体来说，企业可根据机器设备、生产技术的先进程度，对产品生产过程中的投入产出比等技术经济指标进行估计，进而计算出相应的标准成本。这是因为产品成本的高低同机器设备、生产技术的先进程度密切相关，先进的机器设备、生产技术能提高产品的成品率、降低人工费。

2. 历史成本推测法

在采用历史成本推测法时，主要根据企业以前期间的原材料、人工费用及其他费用等的实际发生数推算标准成本。一般而言，企业应根据前几个月或一年的原材料、人工费用等的实际发生数计算平均数，以此作为确定标准成本的主要依据。当然，这里包含一个假设，即原材料的市场价格、工程技术、工资水平等企业内外部因素的变化幅度很小或基本保持不变，否则利用这种方法制定的标准成本将与现实成本相去甚远。

3. 预测分析法

采用这种方法时，企业主要考虑内外部因素的未来变化对标准成本的影响。在企业的生产过程中，许多影响因素都会随着时间的变化而不断变化，如机器设备的更新、生产工艺的改进、工人技能和工资水平的提升，以及市场价格、利率、汇率、费率等的变化都会影响企业的成本水平。因此，企业在制定产品成本标准时，不能仅仅依据历史数据和当前环境，还应当结合未来可能出现的变化进行充分的估计和推断，这就是所谓的预测分析法。

4. 期望法

在期望法下，标准成本意味着企业所期望达到的成本水平，如参照行业标杆甚至根据管理层的主观愿望制定的标准成本。此时的标准成本在某种程度上隐含着企业管理层对成本水平的期望，这种期望是可以通过采取措施，如改进技术、引进新工艺设备、提高劳动生产率、加强管理控制等手段达到的。需要注意的是，这种方法包含主观层面的因素，在具体应用过程中，需要与其他方法配合使用，避免主观盲目性导致方法不可行。

随着大数据和信息技术的发展，确定成本标准的方法将会越来越多。企业在具体实践中应当综合多种方法，设计出本企业适用的全面而系统的成本标准体系。

2.2　标准成本的具体项目构成与计算模型

在会计与成本管理实务中，产品标准成本通常由直接材料标准成本、直接人工标准成本和制造费用标准成本构成。为便于实施成本管理，制造费用一般应区分变动制造费用与固定制造费用。每一成本项目的标准成本应分为用量标准（包括单位产品消耗量、单位产品人工小时等）和价格标准（包括原材料单价、小时工资率、小时制造费用分配率等）。企业可以据此编制出某种具体产品的单位标准成本表（如表 6-1 所示）。此外，为推动成本的精细化管理，企业应在制定标准成本的基础上，将产品成本及其各成本或费用项目的标准用量和标准价格层层分解，落实到部门及相关责任人，形成具体的成本控制标准。

表 6-1　× 产品单位标准成本

成本项目	价格标准	用量标准	标准成本
直接材料			
A 材料	6 元 / 千克	4 千克	24 元
B 材料	8 元 / 千克	5 千克	40 元

（续表）

成本项目	价格标准	用量标准	标准成本
小计			64元
直接人工	3元/时	2小时	6元
变动制造费用	5元/时	2小时	10元
固定制造费用	7元/时	2小时	14元
单位标准成本			94元

1. 直接材料成本标准

直接材料成本标准是指直接用于产品生产的材料成本标准，包括标准用量和标准单价两部分。

制定直接材料的标准用量，一般由生产部门会同技术、财务、信息等部门，按照以下程序进行：（1）根据产品的图纸等技术文件进行产品研究，列出所需的各种材料以及可能的替代材料，并说明这些材料的种类、质量及库存情况；（2）在对过去的用料经验记录进行分析的基础上，采用过去用料的平均值、最高值与最低值的平均数、实际测定数据或技术分析数据等，科学地制定标准用量。

直接材料的标准单价一般由采购部门会同财务、生产、信息等部门，在考虑市场环境及其变化趋势、订货价格及最佳采购批量等因素的基础上综合确定。

直接材料标准成本的计算模型一般用下列公式表示：

直接材料标准成本 = 单位产品的标准用量 × 材料的标准单价

材料按计划成本核算的企业，材料的标准单价可以采用材料计划单价。

2. 直接人工成本标准

直接人工成本标准是指直接用于产品生产的人工成本标准，包括标准工时和标准工资率。

直接人工的标准工时一般由生产部门会同技术、财务、信息等部门，在对产品生产所需作业、工序、流程工时进行技术测定的基础上，考虑正常的工作间隙，并适当考虑生产条件的变化，生产工序、操作技术的改善，以及相关工作人员主观能动性的充分发挥等因素，合理确定。

直接人工的标准工资率一般由人力资源部门根据企业薪酬制度等确定。

直接人工标准成本的计算公式如下：

直接人工标准成本 ＝ 单位产品的标准工时 × 小时标准工资率

3. 变动制造费用成本标准

变动制造费用是指通常随产量变化而成正比例变化的制造费用。变动制造费用项目的标准成本根据标准用量和标准价格确定。变动制造费用的标准用量可以是单位产量的燃料、动力、辅助材料等标准用量，也可以是产品的直接人工标准工时，或者是单位产品的标准机器工时。标准用量选择需考虑用量与成本的相关性，制定方法与直接材料的标准用量及直接人工的标准工时的制定方法类似。变动制造费用的标准价格可以是燃料、动力、辅助材料等标准价格，也可以是小时标准工资率等，制定方法与直接材料的价格标准及直接人工的标准工资率的制定方法类似。

变动制造费用的计算公式如下：

变动制造费用项目标准成本 = 变动制造费用项目的标准用量

× 变动制造费用项目的标准价格

4. 固定制造费用成本标准

固定制造费用是指在一定产量范围内，其总额不会随产量变化而变化，始终保持不变的制造费用。固定制造费用一般按照费用的构成项目实行总量控制，也可以根据需要，通过计算标准分配率，将固定制造费用分配至单位产品，形成固定制造费用的标准成本。

制定固定费用标准一般由财务部门会同采购、生产、技术、营销、财务、人事、信息等有关部门，按照以下程序进行：（1）依据固定制造费用的不同构成项目的特性，充分考虑产品的现有生产能力、管理部门的决策以及费用预算等，测算确定各固定制造费用构成项目的标准成本；（2）通过汇总各固定制造费用项目的标准成本，测算固定制造费用的标准总成本；（3）确定固定制造费用的标准分配率，标准分配率可根据产品的单位工时与预算总工时的比率确定。其中，预算总工时是指依据预算产量和单位工时标准确定的总工时。单位工时标准可以依据相关性原则在直接人工工时或者机器工时之间做出选择。

固定制造费用标准成本的计算顺序及公式如下。

（1）固定制造费用标准成本由固定制造费用项目预算确定。

（2）固定制造费用总成本 = $\sum$ 固定制造费用项目标准成本。

（3）固定制造费用标准分配率 = 单位产品的标准工时 ÷ 预算总工时。

（4）固定制造费用标准成本 = 固定制造费用总成本 × 固定制造费用标准分配率。

标准成本差异计算与分析

3.1 成本差异的性质与通用计算模型

1. 成本差异的性质

标准成本差异是指产品实际成本与标准成本之间的差额。如果实际成本小于标准成本，差异用负数表示，此时的数额叫作有利差异、顺差、节约差等；如果实际成本大于标准成本，差异用正数表示，此时的数额叫作不利差异、逆差、超支差等。成本差异向管理者提供了一种重要的信号，管理者可据此发现问题，具体分析差异形成的原因及其责任，并考虑采取一定的改进措施，以消除不利差异，发展有利差异，实现对成本的有效控制和引导。

成本差异不管表现为顺差还是逆差，通常其只能作为问题的信号，而不应直接作为经营决策的依据。因为企业的经济活动是极其复杂的，所谓有利差异或不利差异，可能不过是两个数字比较的表象，需要管理者由表及里，去伪存真，对成本差异进行具体和深入的分析，找出造成差异的动因，在此基础上提出具有针对性的改进方案。

2. 成本差异计算的通用模型

由于标准成本是根据标准用量和标准价格计算的，而实际成本根据实际用量和实际价格计算，因此，从基本面上看，造成成本差异的两大因素是数量因素和价格因素。由数量因素形成的成本差异称为数量差异，由价格因素形成的成本差异称为价格差异，用公式可以表示如下：

成本差异 = 实际成本 - 标准成本 = 数量差异 + 价格差异

为方便描述，现做出如下设定：

设 Q 表示标准数量，$Q+\Delta Q$ 表示实际数量，P 表示标准价格，$P+\Delta P$ 表示实际价格。

于是，实际成本 $=(Q+\Delta Q)(P+\Delta P)$

标准成本 $=QP$

成本差异 $=(Q+\Delta Q)(P+\Delta P)-QP$

$\qquad\quad =P\Delta Q+Q\Delta P+\Delta Q\Delta P$

成本差异的计算与构成如图 6-2 所示。

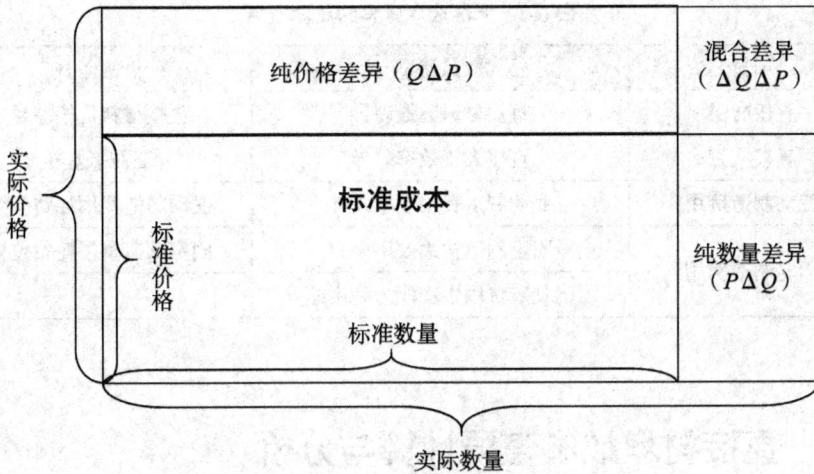

图 6-2　成本差异的计算与构成

根据图 6-2，成本差异的三个构成部分为纯数量差异（$P\Delta Q$）、纯价格差异（$Q\Delta P$）与混合差异（$\Delta Q\Delta P$）。对于由数量和价格双重因素变动所引起的混合差异，实践惯例是不单独计算，而是把它归于价格差异来处理。因为在现实经济生活中，价格差异因素常常表现为不可控因素，而数量差异因素则是成本控制的重点。为了正确进行考核，应使数量因素尽可能不受价格因素的影响。在实务中，数量差异和价格差异的计算通用公式如下：

数量差异 $=[(Q+\Delta Q)-Q]P=P\Delta Q$

价格差异 $=Q\Delta P+\Delta Q\Delta P=(Q+\Delta Q)\Delta P$

如果按照具体成本项目分别计算数量差异与价格差异，那么在标准成本会计制度下，具体的成本差异项目如表 6-2 所示。

表 6-2　标准成本差异的具体项目

项目	数量差异	价格差异
直接材料	直接材料数量差异	直接材料价格差异
直接人工	直接人工效率差异	工资率差异
变动制造费用	变动制造费用效率差异	变动制造费用耗费差异
固定制造费用	固定制造费用效率差异	固定制造费用耗费差异
	固定制造费用生产能力利用差异	

3.2　直接材料成本差异计算与分析

1. 直接材料成本差异计算

　　直接材料成本差异是指直接材料实际成本与标准成本之间的差额，该项差异可分解为直接材料价格差异和直接材料数量差异。

　　直接材料价格差异是指生产所耗用的直接材料实际价格偏离其标准价格所形成的成本差异；直接材料数量差异是指在产品生产的直接材料实际消耗量偏离其标准消耗量所形成的成本差异。有关计算公式如下：

直接材料成本差异 = 实际成本 − 标准成本

= 实际消耗量 × 实际单价 − 标准耗用量 × 标准单价

直接材料成本差异 = 直接材料价格差异 + 直接材料数量差异

直接材料价格差异 = 实际消耗量 ×（实际单价 − 标准单价）

直接材料数量差异 =（实际消耗量 − 标准耗用量）× 标准单价

　　考虑到直接材料价格差异主要产生于采购环节，为了全过程控制材料成本差异，推动成本控制的进一步精细化，在计算直接材料价格差异时，企业可以选择"实际采购量"替换"实际消耗量"进行差异计算与分析。由于实际采购量通常会大于实际消耗量，价格因素引起的差异也会增大，所以利用该差异指标有助于控制材料库存所造成的浪费，正确考核采购部门的工作质量对成本和利润的影响。

例如，某公司下属某分厂专门生产甲产品，生产一件甲产品所需原材料 A 材料的用量标准为 3 千克，A 材料的标准价格为每千克 45 元。本月实际生产甲产品 8 000 件，实际领用 A 材料 32 000 千克，A 材料的实际价格（即实际单位成本）为每千克 40 元。

相关计算如下。

直接材料成本差异 $=32\,000 \times 40 - 3 \times 8\,000 \times 45 = 200\,000$（元）

其中：

直接材料数量差异 $=（32\,000 - 3 \times 8\,000） \times 45 = 360\,000$（元）

直接材料价格差异 $=（40 - 45） \times 32\,000 = -160\,000$（元）

直接材料成本差异计算如表 6-3 所示。

表 6-3　直接材料成本差异计算（×年×月）

产量	用料标准	实际消耗量	标准价格	实际价格	直接材料成本差异		
					直接材料数量差异	直接材料价格差异	合计
8 000 件	3 千克/件	32 000 千克	45 元/千克	40 元/千克	360 000/元	−160 000/元	200 000/元

2. 直接材料成本差异分析

产生直接材料数量差异的原因一般包括：生产技术上的产品设计变更、

制造方法改变和机器设备性能的原因；材料质量、规格等方面的原因；工人操作和技术水平，以及加工搬运等方面的原因。找出产生差异的原因并确定是哪个部门或员工的责任后，就应采取解决的办法。例如，材料质量不好、规格不符造成的不利差异，应由供应部门负责并采取措施及时解决；制造方法的改变引起的有利差异，应归功于技术部门，并应总结、推广经验，但如果所引起的差异是不利的，则应由技术部门负责找出问题所在，及时采取措施改进。

直接材料的价格差异一般应由采购部门负责，市场价格、采购地点、运输方式、材料在运输途中的损耗率等因素脱离制定标准成本的预定要求都会形成价格差异。企业应对形成价格差异的原因和是哪个部门的责任应进一步具体分析，有时可能是生产上的原因，如为满足生产上的临时急需，对某种材料进行小批量订货，或由陆运改为空运，由此形成的材料价格的不利差异应由生产部门负责。只有查明原因，才能使责任落实到部门或个人，进一步改进工作。

3.3 直接人工成本差异计算与分析

1. 直接人工成本差异计算

直接人工成本差异是指产品生产所耗费的直接人工实际成本与其标准成本之间的差额。直接人工成本差异通常被分解为工资率差异和直接人工效率差异两部分加以计算和分析。

工资率差异是指由于实际工资率偏离标准工资率而形成的人工成本差

异，惯例上按实际工时计算确定，工资率指的是单位工时工资水平（一般
用总工资除以总工时计算而得）；直接人工效率差异是指实际工时偏离标准
工时形成的差异，按标准工资率计算确定。有关计算公式如下：

直接人工成本差异 = 实际成本 − 标准成本

= 实际工时 × 实际工资率 − 标准工时 × 标准工资率

直接人工成本差异 = 直接人工工资率差异 + 直接人工效率差异

直接人工工资率差异 = 实际工时 ×（实际工资率 − 标准工资率）

直接人工效率差异 =（实际工时 − 标准工时）× 标准工资率

例如，某公司下属某分厂专门生产甲产品，该产品的工时标准为每件 2
小时，标准工资率为每小时 50 元。本月生产甲产品 8 000 件，实际耗用工
时 15 000 小时，实际工资费为 810 000 元。

相关计算如下。

直接人工成本差异 =810 000 − 8 000 × 2 × 50=10 000（元）

直接人工效率差异 =（15 000 − 8 000 × 2）× 50= − 50 000（元）

直接人工工资率差异 =810 000 − 50 × 15 000=60 000（元）

直接人工成本差异计算如表 6-4 所示。

表 6-4　直接人工成本差异计算（× 年 × 月）

产量	工时标准	实际工时	标准工资率	实际工资	直接人工成本差异		
					直接人工效率差异	直接人工工资率差异	合计
8 000 件	2 小时/件	15 000 小时	50 元/时	54 元/时	−50 000 元	60 000 元	10 000 元

2. 直接工人成本差异分析

直接人工效率差异的产生可能有多种原因，如材料或零件传递方法不正确，机器运转不正常，生产部门安排技术水平低的工人做技术要求高的工作等，这些原因产生的差异应由生产部门负责；但如果是采购部门购入不合用的材料或生产工艺改变导致的差异，则是非生产部门可以控制的，应当由相应的管理部门负责。

直接人工工资率差异产生的原因一般包括工资调整、工资计算方法的改变（比如由计时改为计件等）和用工技术等级或职务结构的变化，以及奖金和工资性质津贴的变动等。此外，工人出勤率的高低和工时利用效果的好坏对工资率也有影响。通常情况下，直接人工工资率差异一般应当由人力资源部门负责。

3.4 变动制造费用成本差异计算与分析

1. 变动制造费用成本差异计算

变动制造费用成本差异是指变动制造费用项目的实际发生额与变动制造费用项目的标准成本之间的差额。计算公式如下：

变动制造费用成本差异 = 实际变动制造费用 − 标准变动制造费用

= 实际产量标准工时 × 变动制造费用预算分配率

变动制造费用成本差异同样可分解为价格差异和数量差异两个部分，其中价格一般被称为变动制造费用耗费差异（或变动制造费用分配率差异），数量差异叫作变动制造费用效率差异。变动制造费用成本差异的计算和分析原理与直接材料和直接人工成本差异的计算和分析原理相同。

变动制造费用效率差异是指按生产实际耗用工时计算的标准变动制造费用与按标准工时计算的标准变动制造费用之间的差额。其计算公式如下：

变动制造费用效率差异 = （实际工时 − 实际产量标准工时）

× 变动制造费用预算分配率

变动制造费用耗费差异是指实际发生的变动制造费用与按实际产量所耗实际工时计算的标准变动制造费用之间的差额。计算公式如下：

变动制造费用耗费差异 = （实际变动制造费用分配率

− 变动制造费用预算分配率） × 实际工时

˙ = 实际变动制造费用 − 实际工时

× 变动制造费用预算分配率

例如，某公司下属某分厂专门生产甲产品，该产品的工时标准为每件 2 小时，变动制造费用预算分配率为每小时 6 元。本月生产甲产品 8 000 件，实际耗用工时 15 000 小时，实际发生变动制造费用 84 000 元。

相关计算如下。

变动制造费用成本差异 = 84 000 − 8 000 × 2 × 6 = −12 000（元）

变动制造费用效率差异 = （15 000 − 8 000 × 2） × 6 = −6 000（元）

变动制造费用耗费差异 = 84 000 − 6 × 15 000 = −6 000（元）

变动制造费用成本差异计算如表 6-5 所示。

表 6-5　变动制造费用成本差异计算（×年×月）

产量	工时标准	实际工时	变动制造费用预算分配率	变动制造费用实际分配率	变动制造费用成本差异		
					变动制造费用效率差异	变动制造费用耗费差异	合计
8 000 件	2 小时/件	15 000 小时	6 元/时	5.6 元/时	−6 000 元	−6 000 元	−12 000 元

2. 变动制造费用成本差异分析

产生变动制造费用效率差异的原因包括工作环境、机器设备、工艺设计、制造方法等的改变，生产组织效率和材料质量等方面的客观原因，以及工人技能经验、劳动纪律和劳动态度等方面的主观原因。

引起变动制造费用耗费差异的原因主要在于单位工时费用支出超出单位预算（一般为弹性预算），因此生产部门经理通常应对其负起责任。

3.5　固定制造费用成本差异

1. 固定制造费用成本差异计算

固定制造费用成本差异是指固定制造费用项目的实际成本与其标准成本之间的差额。其计算公式如下：

固定制造费用成本差异 = 固定制造费用实际成本 − 固定制造费用标准成本

同样地，固定制造费用也可以模仿以上成本项目，将整个成本差异区分为数量差异和价格差异。其中，价格差异一般被叫作固定制造费用耗费差异。对于数量差异，考虑到固定制造费用的不随产品数量变动而变动的特殊成本习性，简单的数量差异分析可能变得比较笼统和令人费解，同时秉承"闲置就是浪费"的理念，一般将数量差异拆分为生产能力利用差异（或称闲置能力差异）与效率差异两个部分。这样，固定制造费用成本差异就可以分为三类差异，计算公式分别如下：

固定制造费用耗费差异 = 固定制造费用预算数 − 固定制造费用实际数

固定制造费用生产能力利用差异 =（预算总工时 − 实际总工时）

× 固定制造费用预算分配率

固定制造费用效率差异 =（实际总工时 − 标准总工时）

× 固定制造费用预算分配率

例如，某公司下属某分厂专门生产甲产品，该产品的工时标准为每件 2 小时。本月甲产品的预算产量 10 000 件，固定制造费用预算总额为 180 000 元。由于市场环境出现一些不利变化，本月实际产量为 8 000 件，实际耗用工时 15 000 小时，实际发生固定制造费用 144 000 元。

有人会认为，部门预算总额为 18 万元，实际用掉 14.4 万元，实际成本比预算少 3.6 万元，说明总成本出现了一定节约，这其实是对标准成本差异的一个误解。正确的计算过程如下。

固定制造费用预算分配率 =180 000÷（10 000×2）=9（元 / 时）

固定制造费用成本差异 =144 000−8 000×2×9=0（元）

其中：

固定制造费用耗费差异 =144 000−180 000=−36 000（元）

固定制造费用生产能力利用差异 =（10 000×2−15 000）×9=45 000（元）

固定制造费用效率差异 =（15 000−8 000×2）×9=−9 000（元）

固定制造费用成本差异计算如表 6-6 所示。

表 6-6 固定制造费用成本差异计算（×年×月）

产量	工时标准	实际工时	固定制造费用预算分配率	固定制造费用实际分配率	固定制造费用成本差异			
					固定制造费用效率差异	固定制造费用生产能力利用差异	固定制造费用耗费差异	合计
8 000 件	2 小时/件	15 000 小时	9 元/时	9.6 元/时	−9 000 元	45 000 元	−36 000 元	0 元

2. 固定制造费用成本差异分析

产生固定制造费用效率差异的原因包括员工的劳动效率、设备方面的原因等，与产生变动费用效率差异的原因类似。

固定制造费用生产能力利用差异通常由以下原因引起：机器故障，劳动力不足，临时停工待料，工人技术水平较低，季节变动，停电和生产任务不饱和，等等。

对于固定制造费用耗费差异，通常应按各项费用的明细项目逐项考察开支的合理性。

企业应根据固定制造费用项目的性质，分析形成差异的原因，并追溯至相关责任中心。

在分析成本差异的过程中，企业应关注各项成本差异的规模、趋势及其可控性。对于反复发生的大额差异，企业应进行重点分析与处理。

企业可将所有相关的成本差异信息进行汇总，定期形成标准成本差异分析报告，做到从下到上信息畅通，并有针对性地提出成本改进措施。

第 7 章

作业成本法：
精细化成本管理之器

为了巩固您对本章内容的理解，便于今后工作中的应用，达到学以致用的目的，我们录制了视频课程，您可以扫描下面的二维码进行观看。

作业成本法概述

1.1 导论

假如你和你的两位同事一同到餐馆就餐，你胃口不佳，就点了一份便宜的面点和一份小菜，而两位同事每人吃了一份昂贵的牛排，并开了一瓶红酒，你推辞不下就象征性地喝了一点点。最后账单算到了一起，先由你付钱，然后再结算。这个时候，他们当中有人提议平摊这顿餐费。抛开人情往来，你或许会觉得憋屈。

部分企业的会计部门正在干着类似的事情，他们把很多公共费用按照一种简单、武断的方式分配到各部门、各产品、各业务中，而对于由此造成的不公和信息扭曲，大家貌似已经麻木和习以为常了。分摊是传统成本会计实务中十分常见的一个技巧，它省去了深入细致的识别工作，就像上面的三人用餐，采用均摊就不用纠结谁吃了什么。部分会计工作者也乐于接受这样的处理方式，而且他们大都不接触业务，甚至不懂业务，只处理面前的一张张发票、报销单等单据。他们较少关心这些单据背后发生的业务是否合理，他们注重的是形式是否合规、手续是否齐全、有没有领导批示或者签章，他们认为单据背后的内容与实质，是业务员的事情。所以有人讽刺，如果让会计人员管成本，就像推着绳子走一样难。当成本来到会计人员面前的时候，它已经是既定事实，他们能做的可能只有信息归档和账务处理。

这里需要澄清一个认识误区，成本管理的对象并不是成本，而是那些产生成本的活动和事项。成本不过是影像、雷达、心电图、温度计之类的信息性的东西，就像控制一个人的体温，不能去控制温度计一样。基于如此浅显易懂的道理，会计人员便能很容易地理解为什么要采用作业成本法。它可以告诉我们做了哪些事（作业或活动）、用了哪些钱（资源成本）、达到了什么目的和结果（成本对象），达成目的和结果所耗费的成本就是耗费的相应资源。作业成本法对传统成本核算与控制方式的颠覆，不过是正本清源，从而揭开成本背后的秘密，告诉我们问题的真相和细节。而一旦真相与细节被揭露，就可能变成惊人的发现。英国伦敦的警察系统曾经利用作业成本法发现过去多年竟有巨大的经费开支用在了文书、卷宗的填报与整理上，真正用于打击犯罪和维持治安的经费非常少，于是就通过强化作业管理，精简优化了很多活动，由此每年可节约上亿美元。

某公司到了年末需要编制预算，各部门照例有一些降低成本的任务。其中，会计人员让销售部门申报下一年的预算，同时根据相关成本控制要求，发给销售部门一张成本表（如表7-1所示），要求销售部门据此将成本总额降低 5%。

表 7-1　销售部门成本费用明细

（单位：元）

项目	金额
职工薪酬	207 000
运杂费	132 000
差旅费	110 000
业务招待费	96 000
设备成本	87 000
物料用品	95 000
折旧费	10 000
办公杂项费用	263 000
合计	1 000 000

　　如果你是销售部门的主管，你看到这张报表会做何感想？是不是觉得一筹莫展、无从下手？总不能简单地降低员工的工资，或者砍掉部分差旅费。正确的思路是保持正常开展业务所需要的费用，停止无关紧要的活动，这样就可以节省成本。但在此例中，财务部门并没有给出相应的可供参考的信息。于是，你想换一种思路，如果会计人员给的是表 7-2 呢？

表 7-2　销售部门作业成本明细

（单位：元）

项目	金额	比重	项目	金额	比重
固定工资	122 000	12.2%	教育培训	26 000	2.6%
业绩提成	85 000	8.5%	售后服务	46 000	4.6%
客户沟通/招待	69 000	6.9%	调研预测	42 000	4.2%
应付客户投诉	33 000	3.3%	预算规划	17 000	1.7%
外部会议	156 000	15.6%	广告宣传	79 000	7.9%
内部会议	83 000	8.3%	折旧	10 000	1%
处理常规订单	99 000	9.9%	一般行政管理	45 000	4.5%
处理特殊订单	88 000	8.8%	合计	1 000 000	100%

相信看到改进的成本明细表，你会有更多的想法。例如，出席外部会议的成本占 15.6%，经理可以考虑有些会议并不需要带着助理，或者不必亲自参加而让助理代劳，自己则可以省下时间接触客户、处理客户订单。还有，特殊订单的"特殊"体现在何处，可否改进流程？你还可以进一步分析开展的每一项活动需要多少人手，耗费多长时间，这些活动带来了什么效果等。随着这些问题的解决，系统化的管理与改善也将随之展开。

1.2　作业成本法的产生

作业成本法（Activity-Based Costing，ABC）是适应现代制造环境与市场环境变化的一种全新的方法，是对传统成本核算与管理体制的一种较为根本性的变革。作业成本法不仅适用于制造业的产品成本核算与控制，也可以在非生产领域得到有效的应用。同其他成本会计与管理创新一样，作业成本法的出现也不是偶然的，而是现代经济、技术环境变化与组织管理要求等多方面因素综合影响的结果。

1. 现代制造环境与生产方式的重大改变

随着科技的进步，计算机与信息系统的发展，计算机辅助设计、弹性制造系统、计算机整合制造系统等迅速取代传统的制造模式。这种高度技术化、信息化的制造环境改变了传统的产品生产方式，也改变了产品成本的结构。此时，制造费用取代人工成本并在整个产品成本中占有更大的比重。制造费用的金额及内容的增加，使得传统成本会计下以人工为主要依据的成本费用分摊方式不再适用，进而导致传统的成本核算制度也受到了很大挑战。换言之，传统成本会计系统已无法提供与企业经营、管理决策相关的信息，甚至还会导致管理者据此做出错误的决策。

2. 产品、服务需求的多样化与复杂化

随着经济发展与科技、社会的进步，人们的物质需求与精神需求都得到更大的满足。在过去的几十年中，为顺应人们日益增长的物质与精神需求，企业提供了越来越多的、各种各样的产品与服务，并使用多种类型的分销渠道。此外，随着客户需求的多样化、个性化，企业需要为各种类型的客户提供专门的、定制的服务，更大的差异性、多样性的引入显然会增加企业生产的复杂性，而生产复杂性的增加也意味着企业需要对更多的辅助、制造费用进行管理。这是制造费用（间接费用）取代直接人工在成本中占更大比重的一个重要原因，而且制造费用的构成也变得十分复杂，有很多制造费用与产量、工时并没有多少因果关联，再用传统成本分配方式就很容易导致产品成本信息失真，并导致管理者做出错误的决策。

3. 管理理论与实践创新的推动

面对复杂激烈的市场竞争环境，并伴随着新信息、新技术的应用，企业管理理论与方法也在不断创新。比较典型的如准时生产、战略成本管理、全面质量管理、供应链管理等。传统的成本会计制度无法与这些管理创新活动相适应，并成为企业经营决策与管理控制活动中的一个瓶颈。作业成本法以及基于作业成本法的作业管理则能更好地与现代化的管理模式相匹配，它顺应企业竞争环境与经营管理的需要，通过提供企业各主要作业活动的成本信息，在对作业、作业链、价值链全面分析的基础上，进行系统

化、全面化、动态化的管理与控制。因此，它有助于贯彻落实企业组织的发展战略，巩固与提升企业的市场地位，进而不断增加客户价值与企业价值。

1.3　作业成本法的含义及有关概念

1. 何谓作业成本法

作业成本法是指以"作业消耗资源，产品消耗作业"为原则，按照资源动因将资源费用追溯或分配至各项作业，计算出作业成本，然后再根据作业动因，将作业成本追溯或分配至各成本对象，最终完成成本计算的成本管理方法。

相对于传统成本计算方法而言，作业成本法的主要优势在于能够将间接成本和辅助费用更加准确地分配到产品、服务等成本对象。根据作业成本法的概念，企业的全部经营活动是由一系列相互关联的作业组成的，而企业每发生一项作业都要耗用一定的资源，产品、服务等也通过一系列的作业被生产出来。产品成本是企业为生产产品而发生的全部作业所消耗资源的总和，作业成本法的基本指导思想就是作业消耗资源，产品消耗作业。因此，在计算产品成本时，首先对经营活动中所耗费的各项资源按照消耗它们的具体作业进行归集，计算出作业成本，然后再按各项作业成本与产品之间的因果关系，将作业成本分配到产品等具体成本对象，最终完成产品成本计算过程。

在作业成本法下，直接材料、直接人工及其他直接成本可以直接计入有关产品，这与传统的成本计算方法并无差异，但作业成本法下直接成本的计算范围往往比传统成本下的计算范围要大。凡是可方便地直接追溯到产品的材料、人工和其他成本都可以直接归属于具体的相关产品，以尽量减少不准确的分摊。对于不能方便地追溯到产品的成本费用，则先追溯或合理分配到有关作业，计算作业成本，然后再将作业成本分配到有关产品。由于作业成本法下会对不同作业所消耗的成本费用采用不同的作业成本分配率进行分配，因此它能够克服传统成本法下存在的分配标准较为单一的问题，从而提高产品成本信息的准确性与相关性。这对于正确地进行成本分析、引导科学决策与客观合理的成本绩效评价都具有较为重要的意义。

2. 作业成本法的有关概念

作业成本法的核心是在计算产品成本时，首先将相关资源耗费归于具体的相关作业，然后利用作业与产品的关联性，将归集于作业的成本分配到相关产品。整个过程涉及几个核心概念，包括资源、作业、成本动因等，需要在具体核算过程中加以明确。

（1）资源和资源费用。

资源是指企业所拥有或者控制的财力、物力、人力等各种物质要素，会计上一般表现为成本的载体。资源费用是指企业在一定期间内开展经济活动所发生的各项资源耗费。资源的外延十分广泛，几乎涵盖了企业所有的价值载体。广义上说，任何可利用的使用价值或者能够带来价值的源泉，都可以称为资源。企业中可用于生产经营活动的各种材料、物资都属于资源，企业所拥有或者控制的人力资源也属于资源。在会计上，资源具有二维性，即一方面资源是价值的源泉，是财富的象征；另一方面资源又是成本、费用的载体与来源，企业取得资源时所耗费的成本，一般就是资源的入账价值，账面记录的资源通常就是取得该资源的成本的集合。所谓成本费用，基本上就是用所耗费的资源的价值来衡量的。关于资源的成本信息主要反映在会计的分类账及其相关明细账上，如材料费、人工费、折旧费、修理费、办公费、利息费、税收费用等。

（2）作业。

作业（Activity）是指企业基于特定目的重复执行的任务或活动，是连接资源和成本对象的桥梁。例如，产品制造过程中的产品设计、材料运输，销售部门处理客户订单、产品运输等都可以看作作业。作业可能是一项非常具体的活动，如车工作业；也可能泛指一类活动，如机加工车间的车、铣、刨、磨等所有作业可以统称为机加工作业；甚至还可以将机加工作业、产品组装作业等统称为生产作业（相对于产品研发、销售等作业而言）。由若干个相互关联的具体作业所组成的作业集合，一般被称为作业中心。

作业是作业成本法体系中的一个基本概念。根据作业成本法，任何产品的形成都要消耗一定的作业，而每项作业也都是为了特定目的而消耗资源的工作事项。可见，作业是连接资源和产品的纽带，它在消耗资源的同时生产出产品。产品成本表现为企业生产产品或提供劳务的全部作业所消耗的资源费用的总和。在企业内部，根据不同的生产技术要求和工艺流程，作业也是复杂多样的，少则几十种，多则上百、上千种。作业可以根据不同的标准进行分类。例如，根据重复性，作业可以分为重复作业和非重复作业；根据主次关系，作业可以分为一级或主要作业和二级或次要作业；根据价值链中的作业属性，作业可以分为增值作业和非增值作业等。为了便于作业分析，并进行准确的作业成本计算，一般将作业按其层次分为以下几类。

①产量级作业。其也称单位作业，即针对每单位产品的作业，如机械加工、对每件产品的检验等。每生产一单位产品，这类作业就要发生一次，它所消耗的资源一般随着产品数量的变化而变化，如直接材料、直接人工等。产量增加，这类作业的成本也几乎同比例增加。

②批别级作业。批别级作业即针对具体产品批次的作业，其特点是每生产一批产品就要作业一次，成本随着生产批次数量的变动而变动。例如，对每批产品的订单处理、机器调试、成批采购和检验等。这类作业的成本取决于批次，与每批产品的数量无关。

③品种级作业。其有时也叫作产品作业，即针对某种产品全部单位的作业。这类作业的特点在于服务于具体某种规格、型号或样式的产品，如产品设计、产品生产工艺规程制定、工艺改造、产品更新等。这些作业的成本依赖于某一产品线，涉及一项生产的各项投入，而不是只针对一个单位或一批产品。这种作业的成本随着产品的品种项目的变动而变动。

④设施级作业。其有时叫作支持作业，是为维持整个生产过程所发生的作业。这类作业用来保证整个生产系统的顺利运行，不是专门为某一产品而发生的作业，如工厂管理、厂房折旧、整体维护、工厂保卫、财产保险等。这种作业的成本一般视企业的整体情况发生变动，与产品的种类和数量多少无关。一般而言，对于那些无法追溯到单位产品，并且和产品批次、产品品种无明显关系的成本，都可以认定为生产维持级别的成本。

有些行业还可能存在其他类型的作业，如客户级作业，它是指企业为服务特定客户所实施的作业。该类作业保证企业将产品（或服务）销售给个别客户，但作业本身与产品（或服务）数量独立，如向个别客户提供的技术支持活动、咨询活动、独特包装等。

（3）成本动因。

成本动因（Cost Driver），或称成本驱动因素，是指诱导成本发生的原因或推动因素，是成本对象与其直接关联的作业和最终关联的资源之间的中介。例如，当产量增加时，直接材料成本也随之增加，产量就是直接材料成本的驱动因素，即直接材料的成本动因；再如，检验成本随着检验次数的增加而增加，检验次数就是检验成本的驱动因素，即检验成本的成本动因；对机器设备的调试将消耗人力和物力成本，调试次数或调试时间便是人力、物力消耗的成本动因；等等。

成本动因是关于成本发生额与作业消耗量之间内在数量关系的决定性因素。在作业成本法下，成本动因就是计算作业成本的依据，可以用来解释执行作业的原因和作业消耗资源的多少。采用作业成本法进行间接费用的分配，首先要对成本发生的原因有较深刻的了解，找出恰当的成本动因，以说明成本是如何通过作业实施进入各个产品中的。选择合适的成本动因是作业成本法的核心内容，它关系到作业成本归集与分配的科学性、准确性和有效性。

成本动因按其在资源流动中所处的位置和作用，可分为资源动因和作业动因。

①资源动因。资源动因是引起资源耗用的成本动因，它反映了资源耗用与作业量之间的因果关系。成本的基本存在形式在于资源，没有资源就没有所谓的成本。资源动因通俗地讲就是资源消耗背后的驱动因素，是作业消耗资源多少的计量方式，也成为将资源成本分配到作业的依据，反映

了某项或某类作业对资源的消耗情况（如表 7-3 所示）。例如，产品调试作业需要调试人员、调试设备、专用场地等，还需要消耗电能、油料等能源。这里，调试作业作为成本对象，耗用的资源构成了调试作业的成本。其中，调试人员的工资和调试设备、专用场地的折旧费，一般可以直接计入调试作业成本；但电力、油料等能源的消耗往往是以全厂或者是车间为单位统计的，而未能直接计入（除非为设备专门安装电表对具体电力消耗进行记录）。一种合理做法就是根据设备额定功率和设备运行时间进行分配。于是，"设备额定功率 × 设备运行时间"就成为度量调试作业耗用的资源成本的依据，也即资源动因。企业可以把它们的乘积的值称作资源动因量，资源动因量越大，耗用的资源成本就越多。这样，企业就可以将它们的乘积的值作为资源分配的基础，将调试所用的资源成本分配到调试作业。

表 7-3　作业及其资源动因示例

作业	资源（成本）动因
安装调试	安装调试时间（小时）
设备运行	设备工作时间（小时）
清洁	面积（平方米）
材料搬运	搬运次数、搬运距离与重量
人力资源管理	雇员人数、工作天数
能源消耗	电表、流量表、装机功率和运行时间
订单制作	订单数量
客户服务	服务电话次数、服务种类数量、服务时间

②作业动因。作业动因是引起作业耗用的成本动因，反映了作业耗用与最终产出的因果关系，是将作业成本分配到产品（或流程、分销渠

道、客户）等成本对象的依据。作业动因反映有关作业被产品对象消耗的原因和方式，是计量各种产品所消耗的作业成本多少的驱动因素。作业动因提供了将各有关作业成本分配到最终产品的依据和标准，也是资源耗费与最终产出的中介。仍然以产品调试作业为例，企业把电力、油料等能源资源的成本通过资源动因分配到调试作业成本（或作业成本库）后，就要确定相应的作业动因以便将有关调试作业成本分配至产品。假设企业生产多种产品，每种产品又是分批完成并进行调试的，全部产品共用同一调试资源，并假定每次调试的成本都是相当的，那么调试的次数就成为对产品进行调试而发生的相关成本的驱动因素，也即作业动因。在一定期间内，调试作业总成本除以调试的总次数，即为调试作业的成本分配率，用产品的调试次数乘以相对应的分配率即为该种产品所承担的调试成本。某种产品完工的批次越多，进行调试的次数就越多，所承担的调试成本也就越多。

1.4　作业成本法的应用程序

根据"作业消耗资源，产品消耗作业"的指导思想，作业成本法下的产品成本计算过程大致可分为两个阶段：第一阶段，对消耗资源的作业加以认定和鉴别，根据资源动因，将相关资源的耗费分配到作业，计算作业的成本；第二阶段，将已经归集的作业成本按照一定的作业动因分配到各有关产品。以单纯产品成本计算为代表，作业成本法的核算框架如图 7-1 所示。

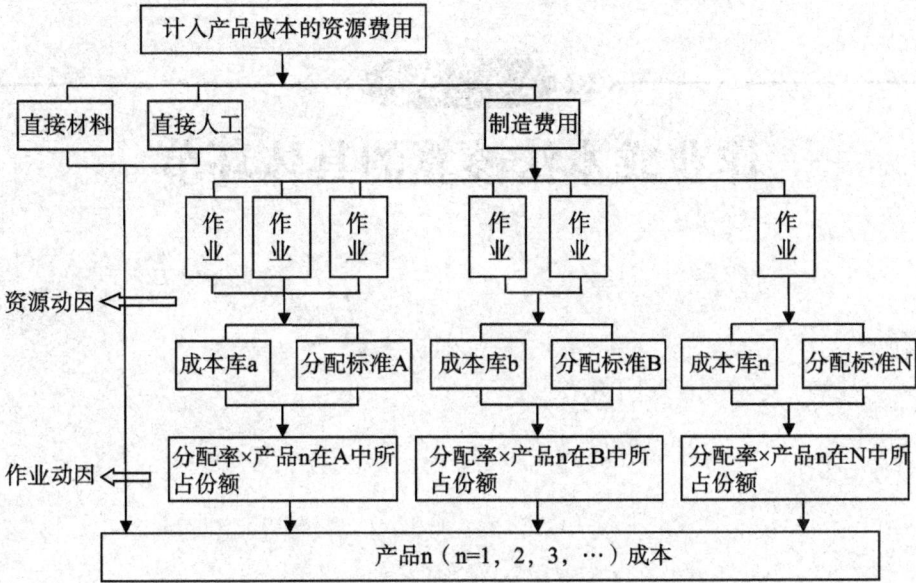

图 7-1 作业成本法的核算框架

根据相关管理会计应用指引，企业应用作业成本法可以按照以下具体环节展开：（1）资源识别及资源费用的确认与计量；（2）成本对象选择；（3）作业认定；（4）作业中心设计；（5）资源动因选择与计量；（6）作业成本汇集；（7）作业动因选择与计量；（8）作业成本分配；（9）作业成本信息报告。下一节将具体展开介绍。

作业成本法核算的具体环节

2.1 资源识别及资源费用的确认与计量

资源识别及资源费用的确认与计量，是指识别出由企业拥有或控制的所有资源，遵循国家统一的会计制度，合理选择会计政策，确认和计量全部资源费用，编制资源费用清单，为资源费用的追溯或分配奠定基础。

资源费用清单一般应分部门列示当期发生的所有资源费用，其内容要素一般包括发生部门、费用性质、所属类别、受益对象等。

资源识别及资源费用的确认与计量应由企业的财务部门负责，在基础设施管理、人力资源管理、研究与开发、采购、生产、技术、营销、服务、信息等部门的配合下完成。

2.2　成本对象选择

　　成本对象就是成本计算对象的简称，是我们要了解和把握其成本的对象。想知道谁的成本，就把谁作为成本对象，然后把有关资源费用追溯或分配到它的头上，这就构成了它的成本。在实践中，企业可根据成本管理与控制的需要选择成本对象，所以成本对象不一而足，它可以是工艺、流程、零部件、产品、服务、分销渠道、客户、作业、作业链等任何需要计量和分配成本的项目。

　　当然，立足于会计系统的统一性和规范性要求，企业应根据国家统一的会计制度，并考虑预算控制、成本管理、营运管理、业绩评价及经济决策等方面的要求确定成本对象。

2.3　作业认定

　　作业认定是作业成本计算与作业管理的基础，也是作业成本法区别于传统成本计算制度的关键所在。进行作业成本计算，首先要对企业所发生的各项消耗资源的作业进行认定，尤其是要清楚地对主要作业加以定义和描述，从而为作业成本计算和作业管理提供明确可靠的依据。

1. 作业认定的含义

　　作业认定是指企业识别由间接或辅助资源执行的作业集，确认每一项作业完成的工作及执行该作业所耗费的资源费用，并据以编制作业清单的过程。

2. 作业认定的内容

作业认定的内容主要包括对企业每项消耗资源的作业进行识别、定义和划分，确定每项作业在生产经营活动中的作用、同其他作业的区别及每项作业与耗用资源之间的关系。

3. 作业认定形式

作业认定一般包括以下两种形式。

（1）根据企业生产流程，自上而下进行分解。具体来说，自上而下即站在企业高层的角度审视和认定作业，一般是根据企业总的生产业务流程，包括从产品设计、工艺安排到生产、检验、包装、储运等全过程，自上而下进行分解，进一步确定子流程和具体作业。通过这种方式，企业可以广泛收集生产流程资料，并将它们分解到适当的详细程度。

（2）通过与企业每一个部门的负责人和一般员工进行交流，自下而上确定他们所做的工作，并逐一认定各项作业。这种自下而上的方式主要是从基层开始逐级向上汇报作业情况，最后由上级批复和认定所需要的作业。

企业一般应将两种方式结合，以保证全面、准确地认定作业。概括地讲，作业认定的方式可以自上而下或者自下而上，当然比较合理且稳妥的做法是将两种方式结合。

自上而下认定的作业往往较少且不够具体，作业定义范围比较宽泛，虽然反应快，但不便于应用到流程改进上；而自下而上的方式反映的作业更为具体和详细，有利于提供流程优化方面的信息，但模型中包含的作业可能会过于细致，据此进行费用归集、分配比较费时费力，从而可能违背成本效益原则。因此在实务中，自上而下和自下而上这两种方式往往需要结合起来运用，使得作业认定详略得当，既能满足需要，又能保证作业成本计算与作业管理的可行性与效率。

4. 作业认定的具体方法

作业认定的具体方法一般包括调查表法和座谈法。

（1）调查表法是指通过向企业全体员工发放调查表，并通过分析调查表来认定作业的方法。

（2）座谈法是指通过与企业员工的面对面交谈来认定作业的方法。

企业一般应将两种方法相结合，以保证全面、准确地认定全部作业。

5. 作业清单

企业对认定的作业应加以分析和归类，按顺序列出作业清单或编制出作业字典。作业清单或作业字典一般应当包括作业名称、作业描述等内容。

例如，某变速箱制造企业的作业清单如表 7-4 所示。

表 7-4　某变速箱制造企业的作业清单

作业名称	作业描述
材料订购	包括选择供应商、签订合同、明确供应方式等
材料检验	对每批购入的材料进行质量、数量检验
生产准备	每批产品投产前，进行设备调整等准备工作
材料发放	将生产所需材料送往各生产场所
材料切割	将管材、圆钢切割成毛坯件
车床加工	使用车床加工零件（轴和连杆）
铣床加工	使用铣床加工零件（齿轮）

（续表）

作业名称	作业描述
刨床加工	使用刨床加工零件（变速箱外壳）
产品组装	人工装配变速箱
产品质量检验	人工检验产品质量
包装	用木箱包装产品
车间管理	组织和管理车间生产，维持生产正常运行

2.4 作业中心设计

1. 作业中心的含义

作业中心设计是指企业将认定的所有作业按照一定的标准进行分类，形成不同的作业中心，作为资源费用追溯或分配对象的过程。

作业中心可以是某一项具体的作业，也可以是由若干个相互联系的能够实现某种特定功能的作业的集合。

2. 作业中心的类型

企业可按照受益对象、层次和重要性，将作业进行分类，并分别设计相应的作业中心，如产量级作业、批别级作业、品种级作业、客户级作业、设施级作业等作业中心。

2.5　资源动因选择与计量

资源动因选择与计量为将各项资源费用归集到作业中心提供了依据。资源成本分配主要是指将相关资源的耗费分配到有关作业。在对作业进行认定、区分与归类的基础上，相关资源成本就可以借助资源成本动因分配到各项作业。企业生产经营活动中所耗费的各项资源，在一般的财务会计系统中虽然都会有较为详细的记录，但未必包含针对每一项作业的成本信息，因此，作业成本法下会计人员需要对会计分类账中的财务信息进行辨别与分析，以将具体成本分配给各相关作业。

企业应识别当期发生的每一项资源消耗，分析资源耗用与作业中心作业量之间的因果关系，选择并计量资源动因。企业一般应选择那些与资源费用总额呈正比例变动的资源动因作为资源费用分配的依据。

2.6　作业成本汇集

作业成本汇集是指企业根据资源耗用与作业之间的因果关系，将所有的资源成本直接追溯或按资源动因分配至各作业中心，计算各项作业的总成本的过程。

作业成本汇集的基本原则如下：

（1）对于为执行某种作业直接消耗的资源，应直接追溯至该作业中心；

（2）对于为执行两种或两种以上作业共同消耗的资源，应按照各作业中心的资源动因量比例分配至各作业中心。

如果某项资源耗费可以直接确认为某一特定产品所消耗，则直接计入该特定产品的成本；如果某项资源耗费在最初消耗上便呈现出混合或者共同耗费状态，则需要选择适当的量化依据将资源成本分解到各相关作业，这个量化依据就是资源动因。这一分配过程可称为动因追溯。在将资源成本分配到作业时，应注意资源动因和作业成本之间要存在因果关系。比如动车调试所承担的电力能源成本，可以选择以设备单位时间耗用量和开动时间作为资源动因进行分配，因为动车调试所耗费的电力成本与耗电量存在因果关系。

为便于将资源费用直接追溯或分配至各作业中心，企业还可以按照资源与不同层次作业的关系，将资源分为产量级资源、批别级资源、品种级资源、顾客级资源、设施级资源。

对于产量级资源费用，企业应直接追溯至各作业中心的产品等成本对象。对于其他级别的资源费用，企业应选择合理的资源动因，按照各作业中心的资源动因量比例，分配至各作业中心。

企业为执行每一种作业所消耗的资源费用的总和，构成该种作业的总成本。

2.7　作业动因选择与计量

作业动因是将作业成本分配到成本对象的依据。作业动因反映有关作业被产品或其他成本对象消耗的原因和方式，是计量各种产品所消耗的作业成本多少的驱动因素。作业动因是将各有关作业成本分配到最终产品的依据和标准，也是资源耗费与最终产出的中介。仍然以产品调试作业为例，把电力、油耗等资源的成本通过资源动因分配到调试作业成本（或作业成本库）后，就要确定相应的作业动因以便将有关调试作业成本分配至产品。假设企业生产多种产品，每种产品又是分批完成并进行调试的，全部产品共用同一调试资源，并假定每次调试的成本都是相当的。那么调试的次数就成为对产品进行调试发生的相关成本的驱动因素，也即作业动因。在一定期间内，调试作业总成本除以调试的总次数，即为调试作业的成本分配率，用产品的调试次数乘以相对应的分配率即为该种产品所承担的调试成本。某种产品完工的批次越多，进行调试的次数就越多，所承担的调试成本也就越多。

总地来看，在采用作业成本法将资源成本分配到最终产品时，企业主要应采取直接追溯与动因追溯方式，尽量避免人为的不合理的分摊。直接追溯是将成本直接分配到某一成本对象的过程，通常这一过程是可以实际观测到的。如果某项资源耗费可以直接确认为某一特定产品所消耗，则直接计入该特定产品的成本，此时，资源动因也是作业动因，由此产生的资源耗费可以认为是最终耗费。实务中，直接材料费用的分配基本上就可以采用直接追溯方式。动因追溯是根据成本动因将成本分配到作业和产品的一种分配方式。企业生产活动中所耗费的各项资源，并不是都能直接追溯到相关产品的。对于不能直接追溯的资源耗费，作业成本法强调使用动因追溯方式，将资源成本分配到有关作业或产品。动因追溯虽然不像直接追溯那么准确，但只要因果关系适配，成本分配结果同样具有较高的准确性。

为了便于作业成本计算，作业动因一般用适当的作业量计量单位来表示。从计量单位的属性来看，作业成本动因可以分为三个类别：交易动因、持续时间动因和强度动因。作业动因一般需要在交易动因、持续时间动因和强度动因间进行选择。

（1）交易动因。

交易动因或称业务动因，是指用执行频率或次数计量的成本动因，包括接受或发出订单数、处理收据数等。交易动因假定执行每次作业的成本（包括耗用的时间和单位时间耗用的资源）相等，如前面提及的完工产品质量检验作业的次数也属于交易动因的范畴。

概言之，如果企业每次执行作业所需要的资源数量相同或接近，则应选择交易动因。

（2）持续时间动因。

持续时间动因或简称持续动因，是指用执行时间计量的成本动因，包括产品安装时间、检查时间等。如果企业每次执行作业所需要的时间存在显著的不同，则应选择持续时间动因。持续动因一般假设执行作业的单位时间内耗用的资源是相等的。

（3）强度动因。

强度动因是指不易按照频率、次数或执行时间进行分配而需要直接衡量每次执行作业所需资源的成本动因，包括特别复杂的产品的安装、质量检验等。如果作业的执行比较特殊或复杂，则应选择强度动因。在这些特殊情况下，企业应将作业执行中实际耗用的全部资源单独归集，并将该项单独归集的作业成本直接计入某一特定的产品。强度动因一般适用于特殊订单或新产品试制等，用产品订单或工作单记录每次执行作业时耗用的所有资源及其成本，订单或工作单记录的全部作业成本也就是应计入该订单产品的成本。

在这三类作业动因中，交易动因的精确度最差，但其执行成本最低；强度动因的精确度最高，但其执行成本最高；而持续时间动因的精确度和成本则相对居中。当不同产品所需作业量差异较大时，例如，如果检验不同产品所耗用的时间长短差别较大，则不宜采用交易动因或强度动因作为分配成本的基础，而应采用持续时间动因作为分配成本的基础，否则，会影响作业成本分配的准确性。

2.8　作业成本分配

1. 作业成本分配的含义

作业成本分配是指企业将各作业中心的作业成本按作业动因分配至产品等成本对象，并结合直接追溯的资源费用，计算出各成本对象的总成本和单位成本的过程。

作业成本分配的基本任务就是将作业成本分配到有关产品等核算对象。在确定了作业成本之后，企业就可以根据作业动因，结合各产品所消耗的作业量，计算各产品应负担的作业成本，也即最终产品成本。作业动因的确认是实施作业成本法的关键环节。成本动因的选择同样需要注意产品成本与所进行的作业之间的因果关系。

2. 作业成本分配程序

作业成本分配一般按照以下两个环节进行：一是分配次要作业成本至主要作业，计算主要作业的总成本和单位成本；二是分配主要作业成本至成本对象，计算各成本对象的总成本和单位成本。

（1）分配次要作业成本至主要作业。

次要作业成本分配率 = 次要作业总成本 ÷ 该作业动因总量

某主要作业分配的次要作业成本 = 该主要作业耗用的次要作业动因量

× 该次要作业成本分配率

主要作业总成本 = 直接追溯至该作业的资源费用

+ 分配至该主要作业的次要作业成本之和

主要作业单位成本 = 主要作业总成本 ÷ 该主要作业动因总量

（2）分配主要作业成本至成本对象。

某成本对象分配的主要作业成本 = 该成本对象耗用的主要作业成本动因量

× 主要作业单位成本

某成本对象总成本 = 直接追溯至该成本对象的资源费用

+ 分配至该成本对象的主要作业成本之和

某成本对象单位成本 = 该成本对象总成本 ÷ 该成本对象的产出量

概括地说，作业成本分配的一般思路是首先根据具体作业（或作业组合）成本动因，计算该项（或该类）作业的成本分配率（或称单位作业成本），然后根据产品所消耗的该作业的量的多少，分别将各具体作业成本分配给产品，通过汇总计算出产品最终成本。

2.9　作业成本信息报告

作业成本信息报告的目的是通过设计、编制和报送具有特定内容和格式要求的作业成本报表，向企业内部各有关部门和人员提供其所需要的作业成本及其他相关信息。

　　作业成本报表的内容和格式应根据企业内部管理需要确定。作业成本报表提供的信息一般应包括以下内容：

　　（1）企业拥有的资源及其分布以及当期发生的资源费用总额及其具体构成的信息；

　　（2）每一成本对象总成本、单位成本及其消耗的作业类型、数量及单位作业成本的信息，以及产品盈利性分析的信息；

　　（3）每一作业或作业中心的资源消耗及其数量、成本及作业总成本与单位成本的信息；

　　（4）与资源成本分配所依据的资源动因及作业成本分配所依据的作业动因相关的信息；

　　（5）资源费用、作业成本及成本对象成本预算完成情况及其原因分析的信息；

　　（6）有助于作业、流程、作业链（或价值链）持续优化的作业效率、时间和质量等方面的非财务信息；

　　（7）有助于促进客户价值创造的有关增值作业与非增值作业的成本信息及其他信息；

　　（8）有助于业绩评价与考核的作业成本信息及其他相关信息；

　　（9）上述各类信息的历史或同行业比较信息。

作业成本法案例解析

3.1 案例一：作业成本法与传统成本核算的比较

1. 资料

某制造企业主要生产甲、乙两种产品，产量及成本资料、制造费用明细及成本动因分别如表 7-5 和表 7-6 所示。下面分别按传统成本法和作业成本法计算甲、乙两种产品应负担的制造费用、总成本与单位成本，然后比较两种方法计算结果的差异，并说明原因。

表 7-5　产量及成本资料

项目	甲产品	乙产品
产量（件）	200 000	40 000
订购次数（次）	4	10
机器制造工时（小时）	400 000	160 000

（续表）

项目	甲产品	乙产品
直接材料成本（元）	2 400 000	2 000 000
直接人工成本（元）	3 000 000	600 000

表 7-6　制造费用明细及成本动因

（单位：元）

项目	制造费用金额	成本动因
材料验收成本	280 000	订购次数
产品验收成本	490 000	订购次数
燃料与水电成本	392 000	机器制造工时
开工成本	210 000	订购次数
职工福利成本	270 000	直接人工成本
设备折旧	280 000	机器制造工时
厂房折旧	240 000	产量
材料储存成本	88 000	直接材料成本
经营者薪金	102 000	产量
合计	2 352 000	—

2. 解析

（1）传统成本法。

$$制造费用分配率 = \frac{2\,352\,000}{400\,000 + 160\,000} = 4.2（元/时）$$

甲产品应分配的制造费用 =400 000×4.2=1 680 000（元）

乙产品应分配的制造费用 =160 000×4.2=672 000（元）

甲产品总成本 =2 400 000+3 000 000+1 680 000=7 080 000（元）

乙产品总成本 =2 000 000+600 000+672 000=3 272 000（元）

$$甲产品单位成本 = \frac{7\ 080\ 000}{200\ 000} = 35.4（元 / 件）$$

$$乙产品单位成本 = \frac{3\ 272\ 000}{40\ 000} = 81.8（元 / 件）$$

（2）作业成本法。

作业成本法下，按照不同的成本动因分配制造费用，分配过程如表 7-7 所示。

表 7-7　作业成本法下的制造费用

（金额单位：元）

项目	待分配制造费用	分配率（元 / 时）	甲产品	乙产品
材料验收成本	280 000	20 000	80 000	200 000
产品验收成本	490 000	35 000	140 000	350 000
燃料与水电成本	392 000	7	280 000	112 000
开工成本	210 000	15 000	60 000	150 000
职工福利成本	270 000	0.075	225 000	45 000
设备折旧	280 000	0.5	200 000	80 000
厂房折旧	240 000	1	200 000	40 000
材料储存成本	88 000	0.02	48 000	40 000
经营者薪金	102 000	0.425	85 000	17 000
合计	2 352 000	—	1 318 000	1 034 000

甲产品总成本 =2 400 000+3 000 000+1 318 000=6 718 000（元）

乙产品总成本 =2 000 000+600 000+1 034 000=3 634 000（元）

$$甲产品单位成本 = \frac{6\ 718\ 000}{200\ 000} = 33.59（元 / 件）$$

$$乙产品单位成本 = \frac{3\ 634\ 000}{40\ 000} = 90.85（元／件）$$

（3）结果差异分析。

传统成本法下甲产品制造费用为 1 680 000 元，乙产品制造费用为 672 000 元；作业成本法下甲产品制造费用为 1 318 000 元，乙产品制造费用为 1 034 000 元。两者产生差异的原因是制造费用分配方法不同，传统成本法按照机器工时进行分配，而作业成本法按成本动因进行分配，计算结果会更加准确。

3.2　案例二：基于作业成本法的定价决策

1. 资料

X 公司是一家透镜生产厂家，主要生产安装在汽车尾灯中的透镜。透镜由黑色、红色、橘黄或白色塑料制成，主要生产工艺是将融化的塑料注入制灯的模具中，模具冷却后，融化的塑料变硬，这样透镜基本上就做好了。

X 公司生产的透镜的最大客户是 Y 汽车公司，X 公司主要为 Y 公司提供两种类型的透镜：复杂透镜与简单透镜。复杂透镜形状复杂，围绕汽车棱角安装，并要求采用多种颜色混合（彩铸），而简单透镜颜色单一，而且不需要考虑特殊形状。

简单透镜由于市场进入门槛较低，市场上有几个厂家对 X 公司形成竞争威胁。当前，X 公司向 Y 公司供应的简单透镜的销售单价为 520 元，Y 公司的采购经理近期发掘了一个新供应商 Z 公司，Z 公司向 Y 公司抛出一个诱人价格，即可以按照 450 元的价格提供简单透镜。Y 公司顾及与 X 公司的长期合作关系，与 X 公司协商，希望 X 公司也能将简单透镜降到同等价位，否则 X 公司可能失去 Y 公司这个大客户。幸运的是，复杂透镜的竞争压力还不大，X 公司对 Y 公司的销售价格可以保持原有的 1 100 元。

2. 讨论与分析

X 公司召集销售部门、财务部门与工程技术部门就此进行了磋商，财务部门和销售部门的经理认为，竞争对手 Z 公司只生产简单透镜，技术流程单一，更容易集中生产，简单经营更有成本优势。这样，本公司如果降低价格，恐怕就不能盈利，倒不如放弃对 Y 公司提供简单透镜的业务。而工程技术部门经理凭经验和对行业生产工艺技术的了解认为，本公司依然具备生产简单透镜的优势，对财务部门提供的简单透镜的成本信息表示怀疑，希望财务部门能够重新合理而准确地测算透镜的成本，并建议接受简单透镜的低毛利，以巩固市场份额和寻求更好的市场机会。

经过研究，X 公司决定责成财务部门在工程技术等相关部门的配合下，采用作业成本法重新核算两种透镜的成本，根据计算结果再考虑如何选择。

为了指导定价与成本管理决策，企业不能仅仅考虑生产成本，而需要把设计、生产、分销成本都考虑在内，所有变动成本与短期固定成本都需要进行分摊。目前，X 公司有一个简单的成本计算系统。根据正常产销水平，X 公司的简单透镜产量为 60 000 个，复杂透镜为 15 000 个，相关耗费与成本数据如表 7-8 所示。

表 7-8　透镜生产耗费与传统成本核算信息

（金额单位：元）

成本项目	简单透镜（60 000 个）		复杂透镜（15 000 个）	
	总成本	单位成本	总成本	单位成本
直接材料	8 400 000	140	5 700 000	380
直接人工	6 000 000	100	2 400 000	160
直接人工工时（小时）	30 000		9 750	
间接费用	13 584 906	226.4	4 415 094	294.3
合计		466.4		834.3
当前销售价格（元 / 个）	520		1 200	
间接费用合计	18 000 000			
其中：				
设计	4 170 000			
安装机器	2 710 000			
机器运转	6 885 000			
装运	842 000			
分销	1 485 000			
管理	1 908 000			

根据现有的会计信息，简单透镜的单位成本为 466.4 元，如果降价到 450 元，X 公司貌似会出现亏损。X 公司出于对现有成本信息的质疑，采用作业成本法重新核算如下。

（1）识别作业和相关成本动因。

经团队周密考察发现，作业类型包括：设计产品与流程，安装制模机器，运转机器生产透镜，清洗与保养模具，装运（准备运送批次），分销透镜到客户，经营与管理等流程。作业与相关成本动因如表 7-9 所示。

表 7-9　作业与相关成本动因

作业	动因（数量）	动因数量分布	
		简单透镜	复杂透镜
设计	零件面积（150 平方米）	40	110
安装	安装时间（2 000 小时）	500	1 500
机器运转	机器工时（12 750 小时）	9 000	3 750
装运	装运批次（200 次）	120	80
分销	装运体积（67 500 立方米）	45 000	22 500
管理	直接人工工时（39 750 小时）	30 000	9 750

（2）将直接材料和直接人工计入简单透镜和复杂透镜两种成本对象。这一点与传统成本法相同。而间接费用（这里不仅包括制造费用，还包括其他相关非生产性费用）则被拆分为各作业成本，并按照选定的成本动因将各项成本分配至成本对象，如表 7-10 所示。

表 7-10　作业成本分配

作业	总成本（元）	动因数量（个）	动因分配率	简单透镜（元）	复杂透镜（元）
设计	4 170 000	150	27 800	1 112 000	3 058 000
安装机器	2 710 000	2 000	1 355	677 500	2 032 500
机器运转	6 885 000	12 750	540	4 860 000	2 025 000
装运	842 000	200	4 210	505 200	336 800
分销	1 485 000	67 500	22	990 000	495 000
管理	1 908 000	39 750	48	1 440 000	468 000
作业成本合计	18 000 000			9 584 700	8 415 300
单位作业成本				160	561
单位直接材料				140	380
单位直接人工				100	160
单位成本				400	1 101

3. 结论

根据作业成本法的计算结果不难发现，简单透镜的单位成本为 400 元，低于客户新开出的价格。如此一来，X 公司可以考虑接受 Y 公司的降价要求。

作业成本管理

作业成本管理可以看成是作业成本法的一部分，或者视为作业成本法的延伸。作业成本法能够提供更加准确、精细的各环节及各维度成本信息，进而为开展作业成本管理奠定坚实的基础。对于生产经营规模很大，产品、客户和生产过程多样化、复杂化程度很高，业务活动链条很长的企业来说，推行作业成本法的效果格外显著。作业成本法以"作业"为中心的核算与管理思想，催生了"作业管理"体系。作业成本法在整个作业管理体系中处于基础和核心地位，作业管理的基本内容就是作业成本管理，二者几乎可以画等号，刻意将二者加以区分也没有意义。

4.1 作业成本管理的含义

作业成本管理（Acitvity-Based Cost Management，ABCM），也经常被称为作业管理，其基本含义在于它是以满足客户需要为出发点，以作业分析为核心，通过对作业和作业链的不断改进和优化，以不断降低成本、提高客户价值和企业价值，帮助企业获得竞争优势的先进的成本管理方法。

作业成本管理是一个全面的、综合的管理方法，它关注如何在企业开展的各项作业活动中消除浪费、缩短流程时间及增加客户价值。如果非要将作业成本管理与作业管理加以区分，那么可以说作业管理主要关注如何通过优化作业降低成本而非如何合理分配成本，强调整个组织的绩效最大化。利用作业成本管理提供的增值作业与非增值作业成本的信息，企业可以提高作业的效率和质量水平，在所有环节减少浪费和资源消耗，管理者可以正确地进行产品投资及客户服务决策，并将企业置于不断改进的环境中，以促进企业生产经营整个价值链的水平得以不断提高。

基于作业成本管理思想，企业可以看作是由客户需求驱动的一系列前后有序、协调配合的作业的集合体，企业管理的重点就在于加强对这些作业的管理。相对于传统成本管理，作业成本管理的先进性体现在以下几个方面。

（1）适应企业所普遍面临的买方市场环境，将成本管理从传统以产品（生产和销售）为中心转变为以客户为中心。

（2）改变传统成本管理只注重成本本身水平高低的状况，着眼于相对成本水平的高低，以资源的消耗是否增加客户价值作为评价成本管理水平的标准。

（3）作业成本管理特别强调价值链与成本动因分析，这与战略成本管理中的价值链分析和动因分析是一致的，从而更能体现和贯彻落实战略成本管理思想。

（4）作业成本管理的客户导向与作业优化思想，与准时生产、精益管理、全面质量管理等相辅相成，从而使得企业的经营管理水平得到全面优化和整体提升。

4.2　作业成本管理的内容

作业成本管理以分析客户需求为出发点，一方面对外提供满足客户需要的产品和服务，另一方面对内通过作业分析和作业优化、流程优化，努力提高增加客户价值的作业的效率，并消除不增加客户价值的作业。作业成本管理的基本内容主要表现在作业分析与作业优化两大方面。此外，为实现作业管理目标，相应的作业预算与基于作业预算的绩效评价等管理工作也应随之开展。这里重点对作业分析和作业优化加以说明。

1. 作业分析

作业分析是对组织所开展的作业进行识别、描述和评价的过程。通过作业分析，可以了解组织实施了哪些作业，有多少成员参与到作业中，完成作业需要多少时间和资源等。很显然，从作业管理的角度，作业分析并不是简单地对现有作业进行认识和区分，而是要对企业各个部门和环节所执行的作业进行辨认、描述、评价，以客户需求和增加客户价值作为切入点，对作业形成的原因、作业活动及其所耗费资源的确认和计量等展开全面分析，辨别出增值作业和非增值作业，分析作业的合理性与有效性，为作业优化提供基础信息和方向。往小的方面说，通过作业分析企业很容易发现员工日常工作中有哪些是不必要的；往大的方面讲，通过作业分析企业能够发现组织流程和业务低效甚至无效的原因，进而促进企业开展流程再造、资源配置优化，不断提高企业价值。

作业分析的一个重要内容在于识别增值作业和非增值作业。增值与非增值之分是立足于最终客户角度而言的，增值作业指的是企业生产经营所必需的、能够为客户带来价值的作业。对于此类作业，客户愿意为之支付成本，如生产工艺各环节的加工作业、产品包装作业、产品交付作业等。与之相对应，非增值作业就是指不形成客户价值的作业。该类作业对增加客户价值没有贡献，客户也不愿为之付费，或者即使没有这些作业也不会降低产品的价值和客户愿意为之付出的费用，比如商品的存放整理和搬运作业、等待作业、返工作业、产品质量检查作业等。此类作业是改进的对象，但不可能完全消除。换言之，非增值作业未必是非必要作业。

2. 作业优化

基于作业分析提供的信息，企业应基于客户价值最大化和成本最小化要求寻求作业优化。相关作业优化策略如下。

（1）作业消除。

作业消除关注非增值作业。一旦识别出某项作业并不能带来增值，除非有其他方面的约束，否则应当采取措施予以清除。例如，将原材料从集中保管的仓库搬运到生产车间就是一项非增值作业。如果条件许可，企业可以考虑改变供应商的交货方式，即将原材料直接送达生产现场，或者改善工厂布局，缩短各关联环节之间的运输距离或者通过改装自动化传送带等来削减甚至消除此类非增值作业。

（2）作业选择。

作业选择就是探求各种可行的作业，并从中选取最佳作业。例如，设计不同的产品会引发不同的作业，不同的作业又产生不同的成本。每一个产品设计都有自身的作业组合。对现有产品或流程进行重新设计就会带来不同的作业选择，进而对成本产生影响。

（3）作业缩减。

作业缩减是指缩减作业所需要的时间和资源。相对于作业消除，这种做法主要致力于提升必要作业的效率或者对无法消除的非增值作业进行改善。例如，调试作业是一项必要作业，企业可以通过减少调试时间、调试次数及调试所用的资源等达到降低作业成本的目的。

（4）作业共享。

作业共享主要是指利用规模经济效应、协同效应来提升必要作业的效率和利用能力。例如，在设计一项新产品时，企业可以考虑充分利用现有其他产品适用的零件，从而免除相关零件的设计作业，进而节约成本。

第 8 章

目标成本法：
精细化成本管理企划

为了巩固您对本章内容的理解，便于今后工作中的应用，达到学以致用的目的，我们录制了视频课程，您可以扫描下面的二维码进行观看。

目标成本法的基本原理

1.1 引言：目标的重要性

关于目标，其重要性毋庸讳言，无论是对于工作、学习还是生活来说都是如此。大文豪托尔斯泰劝诫我们："要有生活的目标，一辈子的目标，一段时期的目标，一个阶段的目标，一年的目标，一个月的目标，一个星期的目标，（乃至）一天的目标，一个小时的目标，一分钟的目标。"没有目标的生活，就是得过且过；没有目标的努力，就如同在暗夜中前行。目标对于生活尚且如此，在经济、社会实践诸领域更是如此。管理学界就有一种专门的目标管理思想。德鲁克是本书屡屡提及的一位世界级管理学大师，有"现代管理学之父"之称，他一生著作等身，对管理理论与实践具有卓越的贡献和深远的影响。他在 1954 年出版的《管理实践》中，首次阐述了具有划时代意义的目标管理概念与思想，自此确立了管理学的学科地位。2002 年，美国总统在将"总统自由勋章"授予他时，提到他的三大贡献之一就是目标管理。

德鲁克认为，并不是有了工作才有目标，而是相反，有了目标才能确定每个人的工作。如果一个领域没有特定的目标，这个领域就必然被忽视。企业的使命和任务，必须转化为目标。目标管理贯穿组织上下各层级，组织高层管理者确定组织目标，然后对其进行分解，转变成各部门、各员工的分目标，管理者根据分目标完成情况对员工进行考核、评价和奖惩。目标管理兼顾阶段性的临时之计与长远的目标规划，一方面展示出组织发展的战略愿景，另一方面通过目标细分具体指引着各层级的精细化管理活动。如果没有方向一致的分目标指示每个人的工作，则企业规模越大，人员越多，专业分工越细，发生冲突和浪费的可能性就越大。具体到每位管理者和员工的分目标，既是组织对每个成员的要求，也是每个成员要对组织做出的贡献。德鲁克还认为，目标管理的最大优点在于它能使员工用主动性的"自我控制"来代替"受人指挥"的被动性管理，激发他们尽可能地把事情做好。

1.2 目标成本观念的形成

假如有一名创业者，有一天他突然有了一个产品创意，于是不遗余力地付诸设计，产品一经推出，便在市场引起强烈反响，大家争着买这个产品。假如为生产而投入的成本为100万元，创业者希望赚到一倍的利润，于是就把产品按照200万元的总价卖给了客户。随后投入的原料和人工涨价导致成本上升到150万元，创业者期望利润不变，于是将产品抬价到300万元，幸运的是，产品依然顺利地卖了出去。假如你是这名创业者，你是不是觉得很有成就感，认为赚钱如此轻松。但别忘记这里有两个理想的假设：一个假设是产品有市场，供不应求；另一个假设是产品没有竞争对手。而这两个假设在当今的市场环境中几乎无法成立。现代市场绝大多数都是买方市场，买方会按照产品的效用出价，而且市场竞争变得非常激烈，产品不断推陈出新，产品的优势可能会稍纵即逝，如果你想把产品卖出去就得提供具有竞争力的价格。当价格由市场来决定，你努力把产品卖出去又试图获取期望的利润时，就得据此倒推寄希望于将成本控制在期望的水平上，这就是朴素的目标成本观念。

除非有足够的市场需求和难以逾越的市场壁垒，否则当一个竞争的、充满敌意的市场出现的时候，基于这种成本管理惯例的企业将无法适应市场，若不转型，则很有可能被替代。丰田、日产、NEC、松下、日立、东芝、夏普、佳能、卡西欧等企业都推出了目标成本法，并将这种方法演化成颇具日本特色的"成本企划"，很多企业争相仿效。美国的福特、克莱斯勒等企业也应用目标成本法与日本企业竞争，美国的康柏、戴尔也用此法与 IBM 竞争。

1.3 目标成本法的含义与特点

1. 目标成本法的含义

目标成本法是指企业以市场为导向，以目标售价和目标利润为基础确定产品的目标成本，从产品设计阶段开始，通过各部门、各环节乃至与供应商的通力合作，共同实现目标成本的成本管理方法。

目标成本管理的基本模型如下：

目标成本＝目标价格－目标利润

传统成本管理的基本模型就是"成本加成"。采用这种方法时，企业会先估计产品的成本，然后加上期望利润作为产品定价。如果市场不能达到此定价，企业则会试着压缩成本，这种成本管理会使企业陷入被动。

2. 目标成本法的主要特点

（1）以客户为导向，价格驱动成本。传统成本管理习惯于在现有成本基础上加上设定利润确定产品价格，市场主体习惯利用成本加上目标利润来确定产品价格，而这个价格在多数情况下都很难实现，因为客户并没有义务补偿商家的成本，并保证商家实现利润。意识到这一点，目标成本法以客户愿意支付的价格为基础确定产品价格。这种以客户为导向，以客户认可的价格、功能和需求为出发点的成本管理思路体现了以价格驱动成本，与传统的成本加成形成鲜明对比。

（2）基于供应链和全生命周期进行成本管理。目标成本法是在客户所感知的价值基础上测算产品价格的，这就需要企业在产品价值形成之前的每一个环节中都要考虑能否用最小的成本获取足够的价值，因此，目标成本法需要立足于整个产品的供应链和产品生命周期通盘考虑成本管理与控制。这一方面包括市场预测与调研、产品策划与设计开发、样品试制与加工制造、材料采购、产品销售与售后服务等各阶段及各环节，另一方面也体现在产品从设计出来到用户最终使用、报废、处置的整个生命周期的成本管理上。从现行的目标成本管理实践和成功经验来看，目标成本法试图在产品生命周期的研发及设计阶段设计好产品的成本，而不是试图在制造过程中降低成本。为了更有效地实现供应链管理的目标，使客户需求得到最大限度的满足，成本管理应从战略的高度分析，与战略目标相结合，使成本管理与企业经营管理全过程的资源消耗和资源配置协调，因而产生了适应供应链和全生命周期管理的目标成本法。

（3）需要组建跨部门团队来制定和实施目标成本法。由于目标成本法需要在整个企业的价值链和产品供应链诸环节加以贯彻和落实，因此需要动员各方面的力量，也需要借助各层级员工的知识和技能。这本身就是一个系统工程，并非单个部门能完成的，因此需要组建跨部门团队来制定和实施目标成本法。

（4）特别注重产品设计开发阶段的成本控制。关于目标成本法，有一种说法是，产品是设计出来的，成本也是设计出来的。比如将两款产品交给同一个工人生产，工人对两款产品一视同仁，尽心尽力，所生产的两款产品品质相同。其中一款产品耗用了 10 千克的材料，而另一款产品耗用了 1 千克的材料，此时你会不会质问这个工人，为什么一款产品的用料是另一款产品的 10 倍？每一款产品耗费的材料是由工人决定的吗？当然不是，它是由产品设计决定的。一个不完全统计表明，一个有形产品的全部生产成本的 70% 在设计阶段就决定了，设计完成后，在生产阶段无论如何控制都无法改变这部分成本。这样的成本被称为锁定成本或者设定成本。因此，管理成本的最好时机就在设计阶段。

（5）进行全面成本管理。目标成本法是一种全过程、全方位、全人员的成本管理方法。全过程是指从产品生产到售后服务的一切活动，包括供应商、制造商、分销商在内的各个环节；全方位是指从生产过程管理到后勤保障、质量控制、企业战略、员工培训、财务监督等企业内部各职能部门各方面的工作，以及企业竞争环境评估、内外部价值链、供应链管理、知识管理等；全人员是指从上到下动员整个组织的每一个员工加强成本管理，做到人人头上有指标，从高层经理人员到中层管理人员、基层服务人员、一线生产员工，谁都不应该例外。在现行的目标成本管理实践中，通过目标成本法，企业还可以在作业成本法的基础上考察作业的效率、人员的业绩、产品的成本，弄清楚每一项资源的来龙去脉，每一项作业对整体目标的贡献。而相比之下，传统成本法局限于事后的成本反映，没有对成本形成全面、系统的管理。二者的比较如表 8-1 所示。

表 8-1　传统成本法和目标成本法的比较

传统成本法	目标成本法
成本规划较少考虑市场	市场竞争驱动成本规划
成本决定价格	价格决定成本
成本控制重点在于增产提效和节约	成本控制的关键之本在于设计
对于成本压力，企业控制预算并设法提价	消费者参与成本降低指导
会计师负责执行成本监控	跨部门团队管理成本
产品投产后，供应商参与进来	在产品设计时，供应商参与进来
客户初始购买价格最小化	客户的使用成本最小化
围绕产品制造进行成本管控	基于价值链和全生命周期进行成本管控

概言之，目标成本法是将企业成本战略规划、总体布局与任务分工融于一体的成本管理与控制制度，是一种全面的、基于产品全生命周期的战略成本管理方法。目标成本法也即成本企划，构成精细化成本管理的顶层设计，赋予企业产品服务和组织成本的前瞻性布局，通过目标分解，指明各基层努力的方向，并通过精细化的管理手段加以落实。激烈的竞争和快速的变化使得成本目标变得越来越苛刻，而越是苛刻的目标越是需要精细化的管理来保证实现。

1.4 目标成本法的应用程序

总体而言，企业应用目标成本法，一般按照确定应用对象、成立跨部门团队、收集相关信息、计算市场容许成本、设定目标成本、分解可实现目标成本、落实目标成本责任、考核成本管理业绩以及持续改善等程序进行。

1. 确定应用对象

企业应根据目标成本法的应用目标及应用环境和条件，综合考虑产品的产销量和盈利能力等因素，确定应用对象。

企业一般应将拟开发的新产品作为目标成本法的应用对象，或选择那些功能与设计存在较大的弹性空间、产销量较大且处于亏损状态或盈利水平较低、对企业经营业绩具有重大影响的老产品作为目标成本法的应用对象。

2. 成立跨部门团队

前已述及，目标成本法是一个动员组织整体资源的系统工程，需要组建专门的能够胜任成本管理工作的跨部门团队来具体推动和落实。

在跨部门团队内部，可以考虑组建成本规划、设计、确认、实施等小组。

（1）成本规划小组负责设定目标利润，制定新产品开发或老产品改进方针，考虑目标成本等。该小组的职责主要是收集相关信息、计算市场驱动产品成本等。

（2）成本设计小组负责确定产品的技术性能、规格，负责对比各种成本因素，考虑价值工程，进行成本降低或成本优化的预演等。该小组的职责主要是可实现目标成本的设定和分解等。

（3）成本确认小组负责分析设计方案或试制品评价的结果，确认目标成本，进行生产准备、设备投资等。该小组的职责主要是可实现目标成本设定与分解的评价和确认等。

（4）成本实施小组负责确认实现成本策划的各种措施，分析成本控制中出现的差异，并提出对策，对整个生产过程进行分析、评价等。该小组的职责主要是落实目标成本责任、考核成本管理业绩等。

3. 收集相关信息

目标成本法的应用需要企业研发、工程、供应、生产、营销、财务和信息等部门收集与应用对象相关的信息。这些信息包括：

（1）产品成本构成及料、工、费等财务信息和非财务信息；

（2）产品功能及其设计、生产流程与工艺等技术信息；

（3）材料的主要供应商、供求状况、市场价格及其变动趋势等信息；

（4）产品的主要消费群体、分销方式和渠道、市场价格及其变动趋势等信息；

（5）本企业及同行业标杆企业产品盈利水平等信息；

（6）其他相关信息。

4. 计算市场容许成本

市场容许成本是指目标售价减去目标利润的余额。目标售价的制定应综合考虑客户感知的产品价值、竞争产品的预期相对功能和售价，以及企业产品战略目标等因素。目标利润设定应综合考虑预期利润、历史数据、企业在市场中所处的地位等因素。

5. 设定目标成本

企业应将市场容许成本与新产品设计成本或老产品当前成本进行比较，确定差异及成因，设定可实现的目标成本。企业一般采取价值工程、拆装分析、流程再造、全面质量管理、供应链全程成本管理等措施和手段，寻求消除当前成本或设计成本与市场容许成本差异的措施，使市场容许成本转化为可实现的目标成本。

6. 分解可实现目标成本

企业应按主要功能对可实现的目标成本进行分解，确定产品所需要的每一零部件的目标成本。在分解时，首先应确定主要功能的目标成本，然后寻求实现这种功能的方法，并把主要功能和主要功能级目标成本分配给零部件，形成零部件级目标成本。同时，企业应将零部件级目标成本转化为供应商目标售价。

7. 落实目标成本责任

企业应将设定的可实现目标成本、功能级目标成本、零部件级目标成本和供应商目标售价进一步转化为可量化、可控制的财务和非财务指标，并将其落实到各责任中心，形成各责任中心的责任成本和成本控制标准，并辅之以相应的权限。

8. 考核成本管理业绩

你怎么考核一个员工，你就会得到一个什么样的员工。这体现了加强考核和绩效评价的重要意义。企业应依据各责任中心的责任成本和成本控制标准，按照业绩考核制度和办法，定期进行成本管理业绩考核与评价，为各责任中心和人员的激励奠定基础。

9. 持续改善

目标成本管理不是毕其功于一役的事情，目标成本应随着时间的推移、环境的变化而加以调整。企业应定期将产品实际成本与设定的可实现目标成本进行对比，确定其差异及其性质，分析差异成因，提出消除各种重要不利差异的可行途径和措施，进行可实现目标成本的重新设定、再达成，推动成本管理的持续优化。

产品设计阶段的目标成本策划

产品设计决策的正确与否会影响产品的竞争力。产品设计不合理，将会导致产品成本提高，以后再想大幅度降低成本将会十分困难。因此，越来越多的企业为了降低各种资源的消耗水平，而将更多的注意力放在产品设计阶段，如产品结构设计和工艺流程设计等，以保证产品设计不仅具有技术上的先进性，而且具有经济上的合理性。

2.1 目标成本测定

目标成本是成本控制的重要依据和参照标准，进行事前的成本控制时，应在产品设计阶段测算产品的目标成本，并以此作为产品成本的控制目标。企业在制定目标成本时，既要考虑企业的内部条件，如企业现有的生产能力、技术装备状况及整个企业的经营管理水平，又要考虑企业所处的外部环境，如企业所处行业的特点、竞争对手的发展状况、市场供求变化及相关政策等。企业应在结合内外部条件的基础上，根据自身的经营规划，采取专门的方法，制定出适用于企业的最佳成本目标。

目标成本有许多种类，如标准成本、计划成本、定额成本等。针对不同形式的目标成本，加上不同产品的生产方式有差异，其测定方式也不完全相同。一般而言，目标成本的测定方法有两种：一种方法是直接法，即直接根据产品设计、工艺流程、材料供应、劳动消耗、费用预算等技术和经济指标，制定各项消耗的标准，据以测定目标成本；另一种方法是倒算法，即首先根据企业经营目标，确定目标利润，然后用产品的预计价格减去税金和目标利润，倒算出目标成本。在当前的成本会计和管理实践当中，企业通常会采用倒算法，其优点在于它将成本控制与企业的经营目标联系在一起。

根据倒算法，目标成本的计算公式可表述如下：

目标成本＝预计产品销售收入 ×（1－税率－期间费用率）－目标利润

其中，预计产品销售收入可以参照国家统一规定的价格确定，如果国家没有统一规定的价格，则可根据国内外同类或者类似产品的市场价格加以确定；税率指消费税、城市维护建设税和教育费附加等所占的比率，如果比率较小，并且对企业产品价格影响不大，则该项目可以忽略不计；期间费用率指的是各项期间费用占销售收入的比例，该数据可以根据历史和经验数据，结合成本耗费水平测定加以估算。

对于目标利润的测定，当前国内比较常用的方法有以下几种。

第一种方法是根据预计销售收入和期望的销售利润率加以确定，即：

目标利润＝期望销售利润率 × 预计销售收入

其中，期望销售利润率可以参照国内外同行或者同类产品的销售价格和销售利润率水平，也可以由企业根据自身的成本实践和措施，以基期销售利润率为基础进行测算。

第二种方法是根据期望的资金利润率水平加以测定，即：

目标利润 = 预计资金平均占用额 × 期望资金利润率

目标利润 = 成本利润率 × 目标成本

期望资金利润率可以根据同行同类项目资金的合理投入产出比加以确定。

第三种方法是按照企业期望的成本利润率进行测算。

采用这种方法时，需要按照上述目标成本的计算公式做如下推导。

由于：

目标成本 = 预计产品销售收入 × （1 − 税率 − 期间费用率）− 目标利润

= 预计产品销售收入 × （1 − 税率 − 期间费用率）− 目标成本

× 期望成本利润率

所以：

$$\text{目标成本} = \text{预计产品销售收入} \times \frac{1 - \text{税率} - \text{期间费用率}}{1 + \text{期望成本利润率}}$$

其中，期望成本利润率可以参照国内外同种或者类似产品的成本利润率水平，并结合企业自身实际情况加以确定。

举例来说，某企业准备生产一种新产品，预计产品销售收入为 10 000元，税率为 10%，期望成本利润率为 25%。据此，该产品的目标成本的计算如下：

目标成本 = 预计产品销售收入 × （1 − 税率）− 期望成本利润率 × 目标成本

目标成本 = 预计产品销售收入 × （1 − 税率）÷ （1 + 期望成本利润率）

单位产品目标成本 = 10 000 × （1 − 10%）÷ （1 + 25%）= 7 200（元）

2.2 目标成本的分解

鉴于目标成本只是一个总的奋斗目标，不适合企业将其用来加强日常成本控制，因此目标成本制定后，还要按照责任会计的要求，将其层层分解并落实到各设计组和设计人员，使他们都有一个具体明确的目标成本，并以此为依据来控制和分析各组成部分的设计成本。

目标成本的分解可以采用以下几种方法。

（1）按产品结构进行分解。这是对按产品进行测算的目标成本进行分解的基本方法。它主要是根据产品的构成将其分解为若干结构件，按照有关成本信息或者有关技术指标，计算出各结构件成本占产品成本的比重，即成本系数，并根据实际情况加以调整，然后用该成本系数乘以该产品的目标成本，即可求得该结构件的目标成本。

（2）按产品主要功能进行分解。这是价值工程或者价值分析方法在成本控制中的具体运用，其基本特征在于以功能分析为核心，正确处理功能与成本之间的关系，以保证在实现期望功能的前提下，使产品成本降至最低。采用这种方法对目标成本进行分解的主要思路是通过功能分析和功能评价，提出优化产品成本的最佳设计方案，据以确定产品各结构件的功能评价系数，以此来评价该结构件的重要程度，然后用功能评价系数乘以产品设计对象的目标成本，即可求得该零部件的目标成本。

功能评价系数 = 某一零部件功能评价得分 ÷ 全部零部件得分合计

某零部件的目标成本 = 该零部件功能评价系数 × 产品目标成本

在功能评价的基础上，可以进一步计算价值系数，据以进行产品零部件的功能价值分析，进而达到有效控制产品成本的目的。价值系数的计算公式如下：

价值系数 ＝ 功能评价系数 ÷ 成本系数

举例来说，某企业生产甲产品，该产品由 A、B、C、D、E、F 六个零件组成，该产品的目标成本为 4 000 元，各零件的功能评价系数以及成本系数和价值系数分别如表 8-2 和表 8-3 所示。

要求：分析各零件的目标成本，并进行成本功能分析。

表 8-2　功能评价系数

零件名称	评分比较结果						得分	功能评价系数
	A	B	C	D	E	F		
A	×	1	1	0	1	1	4	0.266 7
B	0	×	1	0	1	1	3	0.200 0
C	0	0	×	0	1	1	2	0.133 2
D	1	1	1	×	0	1	4	0.266 7
E	0	0	0	1	×	0	1	0.066 7
F	0	0	0	0	1	×	1	0.066 7
合计	—	—	—	—	—	—	15	1

表 8-3　成本系数和价值系数

零件名称	功能评价系数	设计成本	成本系数	价值系数	目标成本	成本降低额
A	0.266 7	1 000	0.238 1	1.12	1 066.8	−66.8
B	0.200 0	900	0.214 3	0.93	800.0	100.0
C	0.133 2	800	0.190 5	0.69	532.8	267.2
D	0.266 7	1 000	0.238 1	1.12	1 066.8	−66.8
E	0.066 7	200	0.047 6	1.40	266.8	−66.8
F	0.066 7	300	0.071 4	0.93	266.8	33.2
合计	1	4 200	1	—	4 000	200

分析：如果价值系数接近 1，说明零件重要程度同所耗成本大体相当；如果价值系数小于 1，说明零件重要程度同所耗成本不相称，应当成为成本功能分析的重要对象。本例中，零件 B、零件 C、零件 F（尤其是零件 C）的价值系数小于 1，因此降低设计成本的重点应该放在这 3 个零件上；如果价值系数大于 1，说明零件所占成本的比重较小。

（3）按产品成本的形成过程进行分解。将新产品成本按照产品成本形成过程进行分解，根据老产品或类似产品的实际成本资料，计算各生产步骤成本之间的比例关系，该方法主要适用于连续式复杂生产的产品。

（4）按产品成本项目的结构进行分解。将新产品目标成本按经济用途分解为直接材料、直接人工和制造费用三个项目，依据老产品或类似产品成本项目的结构，乘以该产品的目标成本，即可求得各成本项目的目标成本，该方法主要适用于简单生产的产品。

2.3 设计成本的计算

产品设计方案完成后，需要据此测算产品的设计成本，它反映设计对象在正常投产后的预计成本。成本会计实务中一般采用以下方法计算设计成本。

（1）直接法，即根据设计方案的技术定额来测算。例如，根据产品设计方案测定的材料消耗定额和计划单价，可以测算出产品直接材料的设计成本；根据设计方案测定的产品工时消耗定额和计划小时工资率，可以测算出产品直接工资的设计成本；根据产品工时定额和各项制造费用预算，可以测算出产品制造费用的设计成本等。对上述成本项目的设计成本加以汇总即可计算出产品的总设计成本。

（2）概算法。对于新产品的设计成本，除了直接材料设计成本项目采用直接法加以测算之外，其他成本项目通常可以比照类似产品成本中这些项目所占的成本比重加以概算。其计算公式如下：

产品设计成本＝直接材料成本 ÷[1 -（直接材料成本比重

＋制造费用成本比重）]

如果直接工资成本在产品成本中所占的比重较大，则采用直接法测算。此时，制造费用项目可以比照类似产品成本中制造费用占直接材料、直接工资成本的比重加以概算。相应的计算公式如下：

产品设计成本＝（直接材料＋直接工资）

×（1+ 制造费用占直接材料、直接工资成本的比重）

（3）分析法，即通过与企业老产品或者市场类似已有产品的比较分析，测算出新产品的设计成本的方法。具体是指在老产品的成本基础上，通过新老两种产品的结构、用料、工艺的对比分析，计算差异成本并进行调整，从而得出产品的设计成本。

2.4　设计成本与目标成本的比较

设计成本受到目标成本的引导，而实际设计成本的大小未必能达到成本控制的目标。为此，测算产品设计成本之后，应该和目标成本相比较，并对二者之间的差异进行科学的分析和论证，以采取有效的改进措施，不断挖掘降低成本的潜力，保证将设计成本控制在目标成本的限度内。

基于目标成本的要求，企业在进行新产品设计和老产品改造时，应当在各个备选的设计方案中进行技术上、经济上和社会效益上的比较分析和综合评价，以便从中选取最佳方案。企业产品设计、生产、会计、材料供应、设备保障及市场营销等各生产经营部门应该齐心协力，集思广益，共同商讨产品设计方案的可行性，保证通过选取最佳方案，在产品设计阶段就能预先有效控制产品成本，从而达到成本控制和经济效益目标。

目标成本法的具体应用

3.1 目标成本法应用示例之一：组织内部视角

1. 资料

甲公司是一家零部件生产供应商，常年为几个大的设备厂家提供一种部件，即 A 产品，正常产销量为 3 万套，每套现价为 1 000 元，目前的单位成本构成如下：直接材料为 300 元，直接人工为 180 元，制造费用为 120 元。经测算，公司的综合税率占销售收入的 20%。公司的销售与管理费用等非制造费用为 190 万元，经过周密计划和控制，公司力争将单位产品期间费用控制在占销售收入的 16% 的水平上，而且这一目标基本可以实现。

现阶段市场竞争对手开始出现，其能够生产和甲公司同等质量的产品，而且同类产品的售价为 950 元一套。甲公司的现有客户本身也有成本竞争压力，自然要求甲公司起码降价到与竞争对手同等水平，这样才能与其继续保持长期以来形成的贸易合作伙伴关系。为此，甲公司管理高层迫于经济形势和市场竞争环境所造成的压力，经过深入调研，并多次召开会议进行商谈，最后决定采用目标成本法进行成本和利润规划。

2. 甲公司的具体测算和相关决策

（1）目标成本确定。

甲公司首先对当前的利润水平进行测算，结果如下：

当前利润水平 $=3 \times 1\,000（1-20\%）-3 \times 1\,000[（300+180+120）\div 1\,000]-190=410$（万元）

甲公司考虑到正常的销售利润水平，并结合公司投资者的期望收益率，决定将单位产品目标利润定为 108 元。

甲公司通过对市场同类产品进行调研，对市场竞争环境进行了客观判断，并通过与几个重要客户之间周密而友好的磋商，决定将产品价格定为 950 元 / 套，这个价格刚好能满足客户的价格需求。

于是，甲公司将单位目标成本（这里的"成本"是指按照现行成本核算制度确定的单位生产成本）定为 500 元，计算方式如下。

单位目标成本 $=950-950 \times 0.2-950 \times 0.16-108=500$（元）

而甲公司现有的单位成本（产品生产成本）$=300+180+120=600$（元）

所以，单位成本降低任务 $=600-500=100$（元）

随后，甲公司本着从上到下、从下到上的设计和规划决策，实施了目标成本降低计划。

（2）目标成本分解落实。

鉴于产品设计在整个成本降低过程中发挥着决定性作用，公司经过调研和内部协商，决定将整个成本降低任务的 60% 交给设计部门来完成，即设计部门负责将每套产品的成本降低 60 元。

基于目前的物资供应环境和采购部门的工作现状，公司决定由采购部门负责将每套产品的成本降低 18 元。

生产部门是控制成本的重要部门，公司经过分析和筹划，决定让生产部门负责将每套产品的成本降低 22 元。

另外要注意的是，设计部门改进工艺和产品结构自然会带来材料和生产成本的节约，因此采购部门、生产部门的节约任务不包括由工艺改进带来的应当节约额。

（3）目标成本落实情况。

设计部门派出专业技术人员参与培训，通过使用价值工程法、质量功能配置法等手段，甚至通过购买竞争对手的产品进行研究等，最终决定对产品的结构和性能进行改进。这样做不但可以使产品的功能和质量有所提升，而且通过结构优化可以节约一部分原材料，简化工艺流程和节约工时也有助于降低人工成本，由此带来的成本节约额为 57 元，截至考察期末尚有 3 元成本降低任务未完成。

采购部门经过市场调研，并充分考虑现在的物流和供应链环境，引进了很多先进的供应链管理技术，这对降低采购成本很有帮助。另外，采购部门和供应商多次协商，一方面要求供应商直接送货到生产现场，另一方面，与供应商讨价还价，并让其省略原来发运前对所购材料进行磨边的工序，不再要求原来很规范的包装，帮助供应商节约了成本和劳动时间，由此供应商同意每套产品降价 10 元。采购部门还通过改善员工的奖金制度和薪酬激励措施，并通过优化物流等举措，使单位成本降低了 6 元。至此，尚有 2 元的成本降低任务没有完成。

生产部门是传统的成本改进常抓单位，公司在这方面已经积累了较为丰富的经验，持续改进工作稳步推进。生产部门基于目标成本降低任务，进一步改善工作环境并提高生产线的工作效率，加强对一线工人的技能培训，这在提高劳动效率的同时也降低了废品率。此外，生产部门还对不同工种的工人进行了优化组合，在加强对现有工人的管理的同时，还适当地利用了一部分临时工，降低了平均工资水平，同时将某些自身做得不够好的环节外包给具有价格优势的其他单位。以上举措使得生产部门刚好完成目标成本降低任务。

这样，全公司还有 5 元的成本降低任务未能完成。

于是，甲公司加强全员、全过程、全方位的成本管理，调动一切可以调动的力量，多方面采取措施以保证目标成本任务的完成。同时，由财务部门进行税收筹划，降低了纳税成本，通过优化资本结构及债权人关系管理，进一步降低了资金成本。公司总部职能管理机构也采取精简机构和人员等措施，最终实现了既定的成本目标。

当然，竞争还在持续上演，目标成本的持续改进自然一直在进行当中……

3.2　目标成本法应用示例之二：供应链视角

在供应链环境下，目标成本规划与定价协议比较复杂，并时常处于动态的调整当中，这里仅仅给出一个基本的技术操作规程，以阐明基于供应链的目标成本企划的运作原理。

　　甲公司是一家制造商，其产品需要一种零配件，经过外购与自制方面的决策，决定选择外购零部件，再结合产品性能与客户终身价值，最终产品的销售价格已经确定下来。这一价格被分解到零部件层次，并通过与供应商乙公司的讨价还价与周密协商，双方都同意了第一年的目标采购价格，比如定为 100 元 / 单位。甲公司以这个价格为目标价格，并将其作为实现最终产品总目标价格的一部分，随后采用目标成本法以最有效的生产方式为基础确定其成本结构。这种方法立足于作业成本计算与作业管理等科学管理手法，并不鼓励甚至排斥无效作业，并尽量减少非增值作业。此时，供应商的成本与回报要求成为影响定价的因素，双方都同意定价协议基于目标成本。同时，双方基于供应链联盟的协作关系共享详细的成本数据，并保证供应商的成本与利润要求相对合理。目标成本规划与成本明细如表 8-4 所示。

表 8-4　目标成本规划与成本明细

20×1 年的目标价格	83.4 元
协商 / 分析的成本结构	
物料消耗	30 元 / 单位
直接人工成本	10 元 / 单位
间接性制造费用	直接人工的 2 倍
废品损失率	10%
销售费用	生产成本的 5%
一般管理费用	生产成本的 10%
正常生产预算	120 000 ± 100 单位 / 年
产品正常寿命	2 年
协定投资回报率	30%
供应商投资预算	

（续表）

20×1 年	400 万元
20×2 年	200 万元
供应商改进的责任	
直接人工	每年降低 10%
废品率	每年降低 20%
产品成本改进分成	1：1

　　基于供应链综合利益最大化，双方共享基础成本与价格信息，合理确认零部件的相关成本与供应商投资预算，确认供应商的资产回报要求并达成一致意见，同时赋予供应商持续改进绩效的责任与目标。

　　假如在 20×1 年协议执行过程中发生以下事项：

　　（1）物料价格上涨，导致材料成本增长 5%；

　　（2）供应链联盟中的议价小组发现一种替代材料，能够使每单位物料成本降低 2 元；

　　（3）根据供应商的计划工资合同规定，每单位产品的工资率增长 4%；

　　（4）供应商通过工艺革新降低了劳动生产率、废品率，从而实现了持续改进绩效的目标。

　　于是，第二年目标价格变为 80.85 元（如表 8-5 所示）。

表 8-5　持续改进条件下的目标成本规划明细

	20×1 年	20×2 年	20×2 年计算简析
直接材料成本	30	29.4	（30-2）×1.05
直接人工成本	10	9.36	10×90%×1.04
制造费用	20	18.72	9.36×2
小计	60	57.48	
废品损失	6	4.60	57.48×（10%×80%）

（续表）

	20×1 年	20×2 年	20×2 年计算简析
产品成本	66	62.08	
销售费用	3.3	3.10	
一般管理费用	6.6	6.21	
单位成本补偿	75.9	71.39	75.9
单位利润*	7.5	9.46	7.5+（66－62.08）÷2
目标成本规划	83.4	80.85	

*单位利润按照总投资回报的 30% 平均计算，即 600×30%÷24=7.5，20×2 年需加上单位成本节约分成

通过表 8-5 可以看出，第二年在供应链成本持续改进的基础上，双方本着共同促进成本降低并共享利益的原则，进一步修订了目标成本规划。在产品设计与开发的早期阶段，建立有效的目标成本与价格协议有助于通过供应链合作降低物料与加工成本，挖掘绩效改进的潜力。综合来看，甲公司降低了所购买物资的成本，并且为持续改进建立了科学的基础，乙公司同样从长期合同中得到了应有的好处，以其投入资金为基础，获得了合理的目标利润，并且在甲公司的帮助下改进了绩效，从而有利于促进供应链各方的互助互利以及整个供应链竞争力的不断提高。

目标成本法的优势与应用环境

4.1 目标成本法的优势

目标成本法的主要优势突出表现在以下几个方面。

（1）目标成本法强调从原材料到产品出货全过程的成本管理，有助于提升成本管理的效率和效果。传统成本管理，通常"开始得太晚，结束得太早"，重点仅仅放在生产制造环节。面向最终用户的目标成本法基于整个供应链和价值链，向每一个环节要成本、要效率，加强了全过程管理，带动企业各个方面、各个环节成本管理水平的提高。

（2）目标成本法强调产品生命周期成本的全过程和全员管理，有助于提升客户价值和产品市场竞争力。目标成本法从客户价值和客户所能接受的价格出发，倒推出产品形成各环节的成本效益要求，而且要随着环境变化、客户需求和要求的变化持续加以改进，因此对产品生命周期成本管理有着较高的要求。而且，目标成本法还能促进组织员工积极性和能动性的提高，因为目标成本法把降低成本作为企业上至高层管理者、下至每一个基层员工的任务，每个人都有指标和任务，每个人都有相应的责、权、利，通过绩效挂钩，促使全体员工都能参与到成本管理和为客户创造价值中，促使产品质量、性能不断改进，从而提升产品的市场竞争力。

（3）目标成本法谋求成本规划与利润规划活动的有机统一，有助于提升产品的综合竞争力。从目标成本法的基本模型可以看出，目标成本法不但是一种成本管理，还是一种利润规划活动。它并不是局部的、单纯的、一事一议性的具体行动，而是需要结合外部市场和企业使命进行通盘考虑和战略规划，因此也有助于提升产品的综合竞争力。

当然，目标成本法的应用条件也比较苛刻，它不仅要求企业具有各类人才，还要求各有关部门和人员的通力合作，对相关人员的管理水平与精细化操作方面的要求都比较高。

4.2　目标成本法的应用环境

（1）企业处于比较成熟的买方市场环境，且产品的设计、性能、质量、价值等具有多样化特征。

（2）企业应以创造和提升客户价值为前提，以成本降低或成本优化为主要手段，谋求在竞争中获得成本优势，保证目标利润的实现。

（3）企业应成立由研发、工程、供应、生产、营销、财务、信息等有关部门组成的跨部门团队，负责目标成本的制定、计划、分解、下达与考核，并建立相应的工作机制，有效协调有关部门之间的分工与合作。

（4）企业能及时、准确取得目标成本计算所需的产品售价、成本、利润以及性能、质量、工艺、流程、技术等方面的各类财务和非财务信息。

参考文献

[1] 今井正明. 现场改善: 低成本管理方法的常识 [M].2 版. 周健, 等译. 北京: 机械工业出版社, 2021.

[2] 查尔斯·T. 亨格瑞, 等. 成本与管理会计 [M].13 版. 王立彦, 等译. 北京: 中国人民大学出版社, 2010.

[3] 雷·H. 加里森, 等. 管理会计 [M].16 版. 王满, 译. 北京: 机械工业出版社, 2019.

[4] 万寿义, 任月君. 成本会计 [M].5 版. 大连: 东北财经大学出版社, 2019.

[5] 帕斯卡·丹尼斯. 简化精益生产 [M].2 版. 曹岩, 杨丽娜, 等译. 北京: 机械工业出版社, 2017.

[6] 大卫·曼恩. 精益求精: 创建精益文化, 推进持续改善 [M].3 版. 徐云, 译. 北京: 人民邮电出版社, 2016.